人生が大きく変わる話し方 100の法則

100 TIPS FOR GIVING IMPRESSIVE SPEECHES AND PRESENTATIONS

ボイトレ活用&あがり対策で
スピーチが上手くなる!

ファーストアドバンテージ代表取締役
酒井とし夫
TOSHIO SAKAI

日本能率協会マネジメントセンター

はじめに
　——話し方で人生は大きく変わる

　話し方について学ぶことはとても大切です。
　なぜなら、人前で話すということはあなたの人生にも大きな影響を与えるからです。

　2004年7月米国での民主党大会でのこと。
　その日の主役はケリー上院議員のはずでした。
　しかし、聴衆の心を奪ったのはイリノイ州の無名の黒人青年の話でした。

　リベラルなアメリカと保守なアメリカがあるのではない。あるのは各州が一致団結したアメリカ合衆国だ。黒人のアメリカとラテン系のアメリカとアジア系のアメリカがあるのではない。あるのは各州が一致団結したアメリカ、アメリカ合衆国だ。

　後に彼の演説は"ザ・スピーチ"と呼ばれるほどの名演説となりました。
　その無名の黒人青年こそ、後の第44代アメリカ合衆国大統領となったバラク・オバマ氏、その人だったのです。
　オバマ氏が大統領に選ばれるに至った大きな要因のひとつは、その感動的な演説の力、話す力によるものと言われています。
　人前で話す力が大統領への道も切り拓くのです。

そして、私自身も話すことで人生が大きく変わった一人です。
私は、商売に失敗して40歳の時に無職・無収入になりました。しかも全治6か月の絶対安静の大怪我をして、歩くこともできずまったく身動きが取れなくなりました。
その私が今、日本全国の商工会議所、商工会、そしてパナソニック、富士通、NEC、三井住友海上火災保険、ファンケル、東芝ソリューション、シャープ、キャタピラージャパン、新潟県庁、横浜市経済局をはじめとする企業、行政団体、金融機関で仕事をするようになりました。

なぜか？　それは話す力を身につけたからです。

私の人生は「話す」ことで劇的に変わりました。
この本では私が話す力を身につけて、講演会講師としてこの12年間で活動した経験から学んだ実践的な「話し方」のすべてをあなたに紹介します。

私は話し方について学ぶことはとても大切だと思っています。
なぜなら、それはあなたの商売、ビジネス、集客、営業、プレゼンテーション、人間関係、コミュニケーション、そして人生を大きく変える可能性があるからです。

それでは、レッスンを始めましょう。

2019年5月

酒井とし夫

はじめに

「人生が大きく変わる話し方」の大前提となること

「あなたの話で人生が変わった。ありがとう」
「あなたの話でやる気が出た。ありがとう」
「あなたの話はとても役に立った。ありがとう」

そう、言われたら、あなたはどう感じますか?
とても嬉しいですよね。
この本はあなたをそんな話し手にするために書きました。
私は12年以上にわたる講演家としての活動から「話す」ということは本当に大きな力を持っているということを身をもって経験しています。
この本では私が学び、経験してきた「話し方」のすべてを紹介します。
実は「話し方」というのは意外と多くの要素からできあがっています。それは、次のような要素です。

- 明瞭な言葉を作る発声方法
- 良い声を作る正しい姿勢
- 声量を生む呼吸法
- のどに負担をかけない声の出し方
- 魅力的な話を構成する話法
- 相手と信頼関係を築くコミュニケーションスキル
- 説得力を高めるスピーチスキル
- 影響力を生みだすパフォーマンススキル

・緊張やプレッシャーへの対応

この本ではその１つ１つについてあなたに説明します。

人生が大きく変わる話し方100の法則　◎目次

はじめに……………………………………………………………003
「人生が大きく変わる話し方」の大前提となること……………005

第1章　聞き取りやすい話し方の準備

001　ボイストレーニングに学ぶ声の伝え方
　　　　母音が明瞭だと、話が伝わりやすくなる……………018

002　母音を明瞭にする方法
　　　　オットセイの鳴きまねをすると、母音が明瞭になる…020

003　声が遠くまでよく届く方法
　　　　笑顔で話すと、声が通りやすくなる…………………022

004　良い声を出す重心の取り方①
　　　　正しい位置に重心があると、落ち着いた声が出る…024

005　良い声を出す重心の取り方②
　　　　重心が安定すると、堂々とした話し方ができる……026

006　見栄えの良い姿勢のつくり方
　　　　話し方の姿勢により、第一印象が変わる……………028

007　声量のある声に変わる呼吸法①
　　　　腹式呼吸ができると、声が通りやすくなる…………030

008　声量のある声に変わる呼吸法②
　　　　腹式呼吸をマスターすると、日常会話も腹式呼吸になる…033

009　声量のある声に変わる呼吸法③
　　　　仰向けに寝たお腹の上に本を乗せて腹式呼吸する……034

010	声が震えないようにする方法
	ロングトーンを毎日続けると、声が震えなくなる ……036

011	のどに負担をかけない声の出し方①
	のどの力を抜くと、声量が上がる ……………………038

012	のどに負担をかけない声の出し方②
	外野手の姿勢をすると、のどに負担がかからない ……040

013	のどに負担をかけない声の出し方③
	のどぼとけを下げて話すと、のどに負担がかからない …041

014	のどに負担をかけない声の出し方④
	あくびをする時の口の開け方が理想的なのどの状態 …042

015	のどに負担をかけない声の出し方⑤
	手のひらを温める息の吐き方も理想的なのどの状態 …043

第2章 出世力が上がる話し方

016	話の対象を明確にする方法
	ペルソナシートを使うと、話の対象が具体化できる …046

017	話の目的を明確にする方法
	話す目的をはじめに決めると、話す内容をまとめやすい …050

018	聞き手の行動変容を促す方法
	聞き手の行動が変わったなら、その話は成功と言える …052

019	原稿を作成することの意味
	原稿を事前に用意すると、 内容が整理できて安心できる ……………………054

020	原稿による話し方の練習法
	話の構成を掴んでおくと、話に詰まる不安が解消する …056

CONTENTS

021 場所の下見による意識づけ
良い会場だと決めつけると、そう感じられるようになる …058

022 当日の準備
やることを事前に準備すると、気持ちが落ち着く ……060

023 1〜3分のスピーチに使えるワザ①
「事例＋伝えたいこと」だと、
話は伝わりやすくなる …………………………………063

024 1〜3分のスピーチに使えるワザ②
事例を3つ添えると、説得力が高まる ……………066

025 5〜10分のスピーチに使えるワザ
結論＋理由＋事例＋結論で話すと、論理的に伝わる …068

026 少し長めのスピーチに使えるワザ①
事件＋葛藤＋解決＋教訓で、メッセージ性が伝わる …070

027 少し長めのスピーチに使えるワザ②
現在＋過去＋未来の順番だと、感動や共感の構成になる …072

028 鉄板ネタをつくり出す話法
小さなネタを集めることで、鉄板の内容に構成できる …076

029 聞き手の行動変容を促す話法
PASONAの法則を使うと、聞き手は行動が喚起される …080

030 相手の同意を得やすくする訊き方
はじめに「イエス」と答えると、
次に「ノー」と言いづらい ……………………………083

031 相手との心理的距離を近づける法
相手の隣に席を移動すると、心理的距離が縮まる ……084

032 命令的な感じをやわらげる方法
命令調を質問調にすると、強制的な感じが消える ……085

033 会議での提案を承認してもらう方法
現実的な話を繰り返すと、周囲はそれを信じ出す ……086

034	聞き手に不快感を与えるポーズ **腕組みや後ろ手は、プレゼンや発表ではタブー** ……… 087
035	わかりやすく伝わる話し方 **わかりやすく伝えたいなら、中学生にわかる言葉を使う** … 088
036	イメージの力でやる気を引き出す法 **良いイメージを繰り返すと、 そうした姿が現実だと思える** ……………………… 090
037	自分の持ち時間で注意すること **持ち時間以上に話をすると、聞き手はストレスを感じる** … 092
038	話の最後の締めくくり方① **最後に総括すると、話し手の印象がぐっと上がる** …… 094
039	話の最後の締めくくり方② **締めがマイナスの言葉だと、話全体の印象が悪くなる** … 096
040	話術の達人をまねる法 **落語家などの話術は、伝え方や構成の参考になる** …… 098

第3章 雑談力・会話力が上がる話し方

041	会話上手になる基本 **話し上手の第一歩は、相手の話をよく聞き認める** …… 100
042	聞き手にうなずいてもらう法 **うなずきや相槌ができないと、本音の話が聞き出せない** … 102
043	聞き手から承認を得る方法 **相手の言葉を反復すると、その相手は気分が良くなる** … 104
044	聞き手が心地よくなる小ワザ **会話の中で名前を呼ぶと、相手は好意的に話を聞く** … 106

CONTENTS

045 聞き手の話に合わせる技術
トーンと早さを合わせると、波長が合って好感が得られる ……………108

046 ミラーリングを使った同調効果
相手の動作に同調すると、相手から承認される ………110

047 リアクションを使った同調効果
共感の言葉を多く持つと、会話が楽しく弾む …………112

048 コーチングを使った共感誘導法
3つの質問を使えば、どんな人とも雑談できる …………114

049 聞き手の信頼感を得る技術
話を要約して確認すると、相手からの信頼感が得られる …116

050 とっさの時に話題を作る法
相手との共通項があると、親しみを感じてもらえる …118

051 好感度を上げるほめる技術
見てほしいものをほめると、話がなごむ ……………120

052 話のきっかけをつくる技術
名刺に略歴を入れると、相手が共通項を探してくれる …122

053 雑談を続ける技術
触れてほしい話題があると、会話のキャッチボールになる …124

054 相手が自分から話し出す技術
苦労話を訊き出すと、成功者ほど多くを語る …………126

055 オープン・クエスチョンを使った雑談の技術
オープンな質問だと、多くの情報を引き出せる ………128

056 好印象をもたれる技術
楽しい話をしてくれる人ほど、好かれるようになる …130

057 聞き手がにこやかになる法
笑顔で温かさを伝えると、聞き手も温かい気持ちになる ……………132

| 058 | 聞き手に合わせた話し方
視覚・聴覚・身体感覚別に伝え方に違いがある ……134

| 059 | マイフレンド・ジョン・テクニックによる伝え方
第三者が評価する話は、その内容が信じられやすい …136

| 060 | 説得力が高まる話し方
理由をつけて話すと、説得効果が高まる ……………138

| 061 | 親近感を生み出す話し方
ご当地ネタを盛り込むと、一瞬で親近感が得られる …140

| 062 | 雑談上手になる技術
会話の主導権を譲ると、相手の満足度が向上する ……142

| 063 | 初対面で好印象を与える法
良い面から自己紹介すると、好意的な印象が醸せる …143

| 064 | ひと言添えて印象度を上げる法
**あいさつにひと言添えると、
印象よく受け止められる** ………………………………144

| 065 | 嫌な人に見られるのを避ける法
人の噂話をすると、嫌な雰囲気になる ………………145

第4章 印象度がアップする話し方

| 066 | 印象的に伝える話し方
話し方の抑揚を変えると、相手への伝わり方も変わる …148

| 067 | 言葉が明瞭に伝わる話し方
間をあけた話し方をすると、聴衆の視線がぐっと集まる …150

| 068 | プロミネンスを使った話し方①
際立たせたい語句は、強く発音すると印象に残る ……152

CONTENTS

069 プロミネンスを使った話し方②
際立たせたい語句は、トーンを上げると印象に残る …154

070 プロミネンスを使った話し方③
緩急をつけて話すと、内容が印象に残りやすい ………156

071 ジェスチャーを使う効用
対話で言葉が伝わるのは35％、65％は非言語 ………158

072 ジェスチャーの自然な使い方
言葉と感情が一致すると、身振り手振りが自然に出る …160

073 自分に自信が湧く法
2分間パワーポーズをすると、
話し方に自信が湧いてくる……………………………162

074 視線恐怖症を回避する方法
視線を合わせて話すと、商談などでは説得力が増す …164

075 講演での登壇・降壇の仕方
演題で話をする時は、観客から見て左から登場する …166

076 視線から相手の感情を知る方法
視線の動きは、感情と連動する ………………………168

077 大勢の人の前で視線を安定させる方法①
視線の方向を決めておくと、視線の送り方を迷わない …170

078 大勢の人の前で視線を安定させる方法②
架空の人に向けて話すと、会場を見渡す視線になる …172

079 プレゼン上手になりきる法
理想像をマネするうちに、話し方が上達する …………174

080 TEDトークのようなスピーチをする法
動き回りながら話すと、迫力やエネルギーが伝わる …176

081 メッセージを聞き手の頭に残す法
サウンド・バイトを繰り返し、聞き手の記憶にとどめる …178

第5章 緊張を克服する話し方

082 緊張を抑えるための表情筋を鍛える法
**顔のストレッチを続けると、
顔面の緊張が落ち着いてくる**……………………182

083 あがりや緊張の意識を変える法①
**身体の震えを「悪」と捉えず、
成功への「ガソリン」と思う**……………………186

084 あがりや緊張の意識を変える法②
**言葉をプラス思考に変えると、
意識もプラス思考に変わる**……………………189

085 あがりや緊張を抑えるツボ
緊張に効くツボを押すと、声がよく出て楽に話せる…192

086 あがりや緊張を抑えるリズムの作り方
ゆっくりしたリズムは、極度な緊張感をやわらげる…194

087 あがりや緊張を抑える条件づけ
自分流の条件づけをすると、緊張がやわらぐ…………196

088 あがりや緊張を抑える対症療法
マイクをあごにつけて話すと、震えが目立たなくなる…198

089 発表会場での水の飲み方
ペットボトルの水だと、水差しよりも緊張がやわらぐ…199

090 聞き手の視線を話し手からズラす法
視線恐怖症の人は、資料を見てもらうようにする……200

091 自信があるように見せる話し方
Z型に視線を動かすと、自信があるように見える……201

	テンポよく話す話し方	
092	**ワンフレーズを短くすると、話すテンポが良くなる**	…202

	話しはじめを楽にする方法	
093	**話しはじめを決めておくと、出だしがスムーズになる**	…204

	気持ちを落ち着けて話す法	
094	**うなずく人に向けて話をすると、少しずつ落ち着いてくる**	…206

	緊張感をやわらげて話す法	
095	**1人の人を見て話すと、緊張感がやわらいでくる**	…207

	聞き手の座る位置に応じて話す方法	
096	**話し手から見て左側に座る人は、好意的で支持者が多い**	…208

	会場の雰囲気をリラックスモードに変える法	
097	**サクラを使った同調効果で、自分の話に誘導する**	…210

	プレゼン・スピーチで没入状態を作る方法	
098	**「上手く格好良く」ではなく、自分の気持ちを「熱く語る」**	…212

	会場の雰囲気をなごませる技術	
099	**小さなプレゼントを贈ると、会場が楽しくなごんでくる**	…214

	プレッシャーを跳ね返す方法	
100	**動作をポジティブにすると、気分がコントロールできる**	…216

おわりに……………………………………………………218

第1章

聞き取りやすい話し方の準備

001 ボイストレーニングに学ぶ声の伝え方

母音が明瞭だと、話が伝わりやすくなる

　私がボイストレーニングを受けていたスクールには声優を目指す学生や俳優がたくさん通っていましたが、ビジネスパーソンも結構いました。ビジネスパーソンの方々はスピーチなどで声が通りにくいことに悩み、トレーニングを行っていたのでした。

　スクールの先生が言うことには、声が通りにくい最大の原因が「99％は口の開け方が小さい」でした。

　そこで人生を大きく変える話し方の大原則として、話をする時に基本となる口の開け方をお教えします。口の開け方の基本は母音です。つまり「**あ**」「**い**」「**う**」「**え**」「**お**」です。**この母音が明瞭だと相手に声を伝わりやすくなります。**

　では、「あ」からいきましょう。

　右手の人差し指、中指、薬指の3本をくっつけてください。そのくっつけた3本の指を地面に垂直に構えてください。その3本の指を開けた口の中に差し込んでください。できましたか？

　はい、これが「あ」を発音する時の正しい口の形です。

　思いのほか、大きな口になりますよね。

第1章　聞き取りやすい話し方の準備

　次に、右手の人差し指、中指の2本をくっつけてください。そのくっつけた2本の指を地面に垂直に構えてください。

　では、口を開けて「え」を発音する時の口にしましょう。その2本の指を開けた口の中に差し込んでください。この2本の指を差し込める口の大きさが「え」を発音する時の正しい口の形です。

　次に、口を開けて「い」を発音する時の口にしましょう。その口に人差し指を1本差し込みます。この口の大きさが「い」を発音する時の正しい口の形です。

　「お」は口の中に大きな空洞を作るイメージで広げます。これが「お」を発音する時の正しい口の形です。

　「う」は簡単です。タコのような口にして突き出しましょう。これが「う」を発音する時の正しい口の形です。

　指を口に「3本」「2本」「1本」と差し込み、「あ」「え」「い」、次に「空洞」「タコ口」の順番で「お」「う」です。

　毎朝1回でいいので、顔を洗った時に鏡の前でこの「あ」「え」「い」「お」「う」の口の形を確認しましょう。

具体的行動

　毎朝、洗顔時に「あ」「え」「い」「お」「う」の口の形を確認しよう。これを1か月続ければ、声が明瞭になる。

002 母音を明瞭にする方法

オットセイの鳴きまねをすると、母音が明瞭になる

　先にも書いたように母音の「あ」「い」「う」「え」「お」の発音がしっかりしていると声が明瞭で明るくなり、話そのものが伝わりやすくなります。

　この母音の発音をしっかりさせることができる簡単なトレーニング法をお教えします。この方法は全国的に超有名な司会者から教えていただきました。

　名付けて、「初夏に水族館デビューしたオットセイ」です。

　初夏になると木々の葉が青々としてきます。

　そんな季節に1匹のオットセイが水族館デビューを果たしました。

　デビューしたてで、なかなか初々(ういうい)しいですね。

　観客の声援にこたえて大きな声で鳴いています。

「オウ　オウ　オウ　オウ！」

　この情景を短い文章にすると、

「青々として、初々しい！　オウ　オウ　オウ　オウ！」

　ということになります。

　この文章を少し大きな声を出して口にしてみましょう。

「青々として、初々しい！　オウ　オウ　オウ　オウ！」

この時に一文字一文字を意識して読んでみましょう。

「あおあおとして、ういういしい！　おうおうおうおう！」

さらに、先に紹介したように母音を発声する時の口の開け方や、口の形にも一文字ずつ注意して発声をしてみましょう。

「あ・お・あ・お・として、う・い・う・い・しい！」

この文章はその語句のほとんどが「あ」「え」「い」「お」「う」で作られています。つまり母音の発音練習には最適な文章なのです。そのため、この短い文章をはっきりと発音することができれば、自然に母音の発声が明瞭になります。

これも1日数回口にするだけでOKです。**ポイントは口を大きく開けて一言ひとことをはっきりと意識して口にすること。**

「青々として、初々しい！　オウ　オウ　オウ　オウ！」

「青々として、初々しい！　オウ　オウ　オウ　オウ！」

「青々として、初々しい！　オウ　オウ　オウ　オウ！」

私は今でも毎朝必ずこの文章を唱えています。

2週間続ければ必ずあなたの話し方にはメリハリがつき、発声がクリアになります。

具体的行動

母音の発音がしっかりしていると声が明瞭で明るくなる。

毎日数回「青々として、初々しい！　オウオウオウオウ！」を唱えて練習しよう。

003 声が遠くまでよく届く方法

笑顔で話すと、
声が通りやすくなる

　「声が良く通る」という表現があります。
　これは文字どおり遠くまで声が届くということなのですが、**実は笑顔で話すと声が遠くまで届くことが実験からわかっています。**
　反対に人前であなたがどんなに良い話をしても顔が仏頂面(ぶっちょうづら)だと、声は後ろの人には届きにくいのです。
　このことに関して音声工学の専門家であり東京工芸大学の森山剛(つよし)准教授がNHKのテレビ番組の中で次のように述べていました。
　「口角(こうかく)が上がって、口が横の形になった時に、舌が前のほうへ出て、空間が開きます。声帯で作られた音源が頭の上へ向かって、その空洞へ響きわたるのです。」
　「口角が上がって、口が横の形になった時に、舌が前のほうへ出ている」時の口の形とは「イ」の形です。
　「イー」と言ってみましょう。その時にあなたの表情は笑顔の表情になっているはずです。この笑顔の状態で話をすると「声が良く通る」ようになります。
　しかし、人前で話す時に誰もが「笑顔」になれるとは限りませ

ん。では、どうすればよいか？

私が発見した方法、それは「前歯を見せる」という意識です。

写真は私です。この写真は名刺やWebサイトに掲載していますが、この写真を目にした人の99％は「いい笑顔ですね」と言ってくれます。

しかし、この時に実は私は笑おうと思ってはいません。「相手に前歯を見せよう」としているだけです。

ためしにあなたも相手に前歯を見せようとしてみてください。

そうすると意識をしなくても口角は上がり、口が横の形になり、舌が前のほうへ出て、口の中に空間ができます。

つまり、先述した東京工芸大学の森山准教授が言うように自然に声が通る口の状態になっているのです。

人前で話す時にはこの「相手に前歯を見せる」というイメージを持ってください。それだけであなたの声が遠くまで通るようになります。

難しく言うと良い声というのは周波数が3000ヘルツあたりです。この周波数の声を出すことができると聞き手も笑顔になり、あなたに対して「明るい人だな」「元気な人だな」と良い印象を持ってもらえるのです。

そしてこの表情こそが、「通る声」を生む顔なのです。

具体的行動

笑顔の表情で話すと声が通るようになる。

緊張で笑顔を作りにくい場合、「相手に前歯を見せる」ようにしてみる。

004 良い声を出す重心の取り方①

正しい位置に重心があると、落ち着いた声が出る

　トランペットやトロンボーンはとても美しい形をしていますよね。美しい音は、美しい形から生み出されます。

　声も同じです。良い声は良い姿勢から生まれます。

　では、良い声を出すための良い姿勢についてお話ししましょう。

　ポイントは正しい重心の取り方にあります。

　２つのやり方（本項と次項）を説明しますので、どちらかしっくりする方法で正しい重心の位置を確認してください。

　人前で話す時に「頭が真っ白になる」とか「アガる」「うわずる」「地に足が着かない」という経験をしたことのある人は多いと思います。これは言葉のとおり、意識が上に上がっている状態です。

　意識と気持ちが上半身にあるので、これでは不安定になります。

　また、話している時に身体が左右にゆらゆらと揺れる人がいますが、これは意識と気持ちがうわずっている不安定な状態です。

　一言で言うと重心が下がっていないのです。どっしりしていないのです。安定していないのです。だから声がうわずり、ふわふ

わしてしまうのです。

　正しい位置に重心があると体は安定します。その結果、落ち着いた安定感のある声を出すことができます。

　直立してみましょう。

　この時、ほとんどの人はかかとから頭の先までがまっすぐな一直線になっているはずです。しかし、実はその姿勢では重心が安定しないのです。

　本来の正しい重心の取り方は、かかとから頭の先までを結ぶ線がやや前傾になります。

　スキーをする方はわかると思いますが、かかとから頭の先までがまっすぐ一直線になる普通の直立の姿勢でスキーをすると後ろに転びやすくなります。つまり、それでは安定しないのです。

　これは人前で話す時も同じです。

　肩幅程度に足を開きましょう。そして、その場で軽く5回ジャンプしてみましょう。「イチ、ニ、サン、シ、ゴ」と軽く跳んで、スッと着地した時にはかかとではなく、つま先側に重心が乗っていることがわかるはずです。これが正しい重心の位置です。

　そしてこの時、膝が軽く曲がっているはずです。

　人前で話す時には膝を曲げたまま話すのは不自然ですから、このつま先にやや重心を置いた状態のまま、上に軽く膝を伸ばします。これが正しい重心の取り方です。

具体的行動

　重心が下りていないと安定しない。数回軽く跳んで、スッと着地した時につま先側に重心が乗っていることがわかる。そのまま膝を伸ばす。

005　良い声を出す重心の取り方②

重心が安定すると、
堂々とした話し方ができる

　２つめの重心の取り方を説明します。
　直立します。この姿勢ではおでこよりつま先のほうが前に出ていますよね。①

　その場でかかとをスッと上げます。
　すると、おでこの位置がつま先と同じか、あるいはおでこのほうがつま先より前に出るはずです。②

　ここからが重要です。
　この時のおでこの位置を動かさずにかかとを下げます。
　すると、おでことつま先の位置がほぼ同じ位置にきます。姿勢としてはやや前傾になります。③

　これが正しい重心の取り方です。
　朝礼、会議、プレゼン、発表会、セミナー、研修等で人前で話す時はこの**重心を意識して話すと姿勢が安定するのでフラフラせず、うわずることもなく、落ち着いて、迫力のある、堂々とした話し方ができます。**

第1章　聞き取りやすい話し方の準備

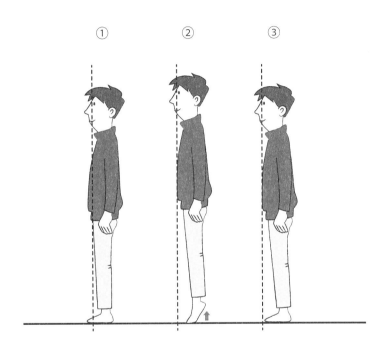

具体的行動

つま先立ちした体勢からおでこの位置を固定して、そのままかかとを下ろす。

006 見栄えの良い姿勢のつくり方

話し方の姿勢により、第一印象が変わる

　心理学で「初頭効果」と呼ばれるように第一印象はその人のイメージに大きな影響を与えます。人前に立った時の姿勢は第一印象を形成する重要な要素です。
　人前で話す時の良い姿勢について説明します。

●**男性の場合**
　両足を肩幅程度に広げます。この時、「良い声を出す重心の取り方」で説明したように重心の位置を確認します。
　そして、肩を上下に4、5回動かします。
　そのまま肩をストンと落とします。
　次に、背中の両脇にある肩甲骨を3cm寄せます。
　少し視線を上げます。
　これが基本の姿勢となります。
　パソコンやスマホを日常的に使うからでしょうか、直立姿勢を横から見ると腕が肩より前に出たいわゆる「巻き肩」になる人が多いのですが、この姿勢で話をすると聞き手に自信がない印象を与えてしまいます。
　そこで**「背中の両脇にある肩甲骨を3cm寄せる」**ことを意識

すると自然と胸を張る姿勢になり、自信のある印象が生まれます。

　スピーチの本で「あごを引きましょう」と書かれていることがありますが、のちほど説明するようにあごに意識を向け過ぎると声帯が詰まってしまいます。

　しかし、私自身の講演活動の経験から言えることですが「少し視線を上げる」程度の意識を持ったほうがよいように思います。

　あごを上げるという意識を持つとどうしても尊大な感情が生まれやすくなりますが、「少し視線を上げる」程度であれば尊大には映らず、かえって真剣さが伝わります。

●**女性の場合**

　少し足を広げて「良い声を出す重心の取り方」で説明したように、重心の位置を確認します。やや前傾のまま、かかとをそろえます。前傾の意識を持ったまま片方の足を引いて、両足をレの字にしてもいいでしょう。

　そして、肩を上下に4、5回動かします。

　そのまま肩をストンと落とします。

　次に背中の両脇にある肩甲骨を3cm寄せます。

　これが基本姿勢です。

　演台があり、その後ろでスピーチをする場合には、話に力や熱を込めるために、両足はやや開いて立つことをお勧めします。

　具体的行動

　重心の位置を確認して肩をストンと落とし、肩甲骨を寄せて、視線を少し上げる。

007 声量のある声に変わる呼吸法①

腹式呼吸ができると、声が通りやすくなる

　以前の私は声がか細く、少し高い声で、声も小さなほうでした。そのため、レストランでお店の人に声をかけてもこちらに気づいてもらえないことが度々ありました。

　話をする時に声が細く、高めの声だと聞き手には「うわずった声」に聞こえてしまいます。さらに声が小さいと自信がないように思われてしまい、話す内容の説得力が激減します。これは私のような講演家に限らず、営業の方の交渉やビジネスパーソンの方のプレゼンテーションの場でも同じです。

　今の私は参加者が100人程度であれば、マイクなしで講演を行います。

　数年前に600人が入った会場でマイクを使わずに、「一番後ろの人、聞こえますかぁー？」と聞いたら、手が上がりましたから調子が良いとそれくらいの大きな会場でも遠くまで声が届くようになりました。声量が増えたのです。

　私が太く、大きな、響く、声量のある声が出せるようになった理由は、腹式呼吸をマスターしたからです。**腹式呼吸とは簡単に言うと「息を吸った時にお腹が膨らみ、息を吐いた時にお腹がへこむ呼吸法」です。**言葉にすると簡単ですが、これが上手くでき

ずに、胸が膨らんだりへこんだりする胸式呼吸や肩が上下する肩式呼吸になっている人が多いのです。

　胸式呼吸や肩式呼吸で話をすると胸や肩の筋肉を使うのでのどに力が入ってしまいます。その結果、十分な量の息に声を乗せることができなくなり声量が増えません。そして、のどが緊張するので声が震えたり、か細い声になってしまいます。

　これから3つの腹式呼吸法を紹介しますが、すべてを行う必要はありません。自分に合った続けやすいものを選んで継続することが大事です。ここで紹介する呼吸法を続けると、1か月で自分の声量が変わっていることがわかるはずです。

　それでは1つめの方法「**すっ！法**」です。

　まず口を小さく開けます。上下の歯を閉じます。

　その歯の隙間から息を「すっ！すっ！すっ！」と短く、強く、吐き出します。

　これを「すっ！すっ！すっ！すっ！すっ！すっ！すっ！すっ！すっ！」と1分続けます。

　この時にお腹に手を当てると、おへその下のお腹が出たりへこんだり（膨らんだり引っ込んだり）しているはずです。その状態が確認できれば、腹式呼吸がちゃんとできています。

　これができたら、次は少し長めに歯の隙間から息を「すーーーっ！すーーーっ！すーーーっ！」と強く吐き出します。

　1つの「すーーーっ！」の長さは3秒程度です。

　この時もお腹に手を当てるとやはりおへその下のお腹が出たりへこんだり（膨らんだり引っ込んだり）しているはずです。

　ここまでできたら、次はもう少し長く「すーーーーーっ！すーーーーーっ！すーーーーーっ！」と強く、吐き出しま

す。今回の1つの「すーーーーーっ！」の長さは8秒程度です。

これを1日数分でよいので毎日繰り返していると、自然と日常会話中も腹式呼吸になります。この状態でさらに後で紹介するのどに負担をかけない声の出し方を加えると、普段の会話でも響きのある、声量のある、張りのある声を出すことができます。

ちなみに腹式呼吸とは言いますが、お腹のあたりが膨らんだからといって、吸い込んだ酸素がお腹に入るわけではありません。酸素は肺に入ります。

腹式呼吸でお腹が膨らむと肺の下にある横隔膜が下がります。そうなることで肺が下に引っ張られるのです。するとその分、余計に肺の中に多くの酸素を取り込むことができるようになります。

お腹がへこむと横隔膜が上がります。この時にのどに力を入れなければ、肺に取り込まれた大量の空気がそのまま自然にのどから出てきます。

後ほど説明しますが、この肺から出てきた大量の空気に「言葉を乗せる」と声量のある声が出るのです。オペラ歌手の声をイメージするとわかりやすいですね。

具体的行動

声量のある声にするには腹式呼吸を続けること。
閉じた歯の隙間から息を「すっ！すっ！すっ！」と短く、強く、吐き出す練習をする。

008 声量のある声に変わる呼吸法②

腹式呼吸をマスターすると、日常会話も腹式呼吸になる

　もう1つの腹式呼吸法は、「**壁押し法**」です。

　壁の前に立ちます。左右どちらかの足を前に出します。

　上半身の力を抜きます。そして両手で壁を軽く押します。

　するとお腹に力が入って、おへその下が少しへこむはずです。このへこむ感覚を覚えておいてください。

　そのまま口から「ふっー」と息を吐きながら、さらにおへその下のお腹をへこませます。

壁

　次に、壁を押す両手の力を抜いて息を吸いながら先ほどへこませたお腹が膨らむのを感じてください。

　これも1日数分でよいので毎日繰り返していると、自然と日常会話中も腹式呼吸になります。

　具体的行動

　壁の前に立ち左右どちらかの足を前に出し、両手で壁を軽く押しながら口から息を吐く。

009 声量のある声に変わる呼吸法③

仰向けに寝たお腹の上に本を乗せて腹式呼吸する

　吃音(きつおん)に悩まされたイギリス王ジョージ6世と、その治療にあたった言語療法士の友情を描いた映画「英国王のスピーチ」(トム・フーパー監督)は私の好きな映画です。

　第83回アカデミー賞で作品賞など4部門を受賞したのでご覧になった方も多いと思います。

　その映画で言語療法士のライオネルがアルバート王子(後のイギリス王ジョージ6世)を仰向けに寝かせて、そのお腹の上に妃殿下を座らせるシーンがあります。

　言語療法士ライオネルがこう言います。

「息を深く吸うと妃殿下がせり上がり、ゆっくり吐くと妃殿下がおりてまいります」

　そしてアルバート王子が息を吸ったり吐いたりするたびに、お腹に乗っている妃殿下が上下動します。これこそまさに腹式呼吸の指導を行っている場面です。

　あなたもこの方法で腹式呼吸をマスターしましょう。

第1章　聞き取りやすい話し方の準備

　本を1冊用意してください。そのうえで、次の手順を行ってみてください。
　①仰向けに寝てみましょう。
　②膝を立てます。
　③お腹の上に本を置いてください。
　④その状態で口から深く息を吐いてください。
　⑤次に鼻から息を深く吸ってください。
　⑥口から息を吐き、鼻から吸うを繰り返します。
　この時にお腹に乗せた本が息を吸った時に上がり、息を吐いた時に下がるのがわかるはずです。この状態の呼吸が腹式呼吸です。
　本が腹式呼吸に合わせて上下動することがわかったら、そのまま息を吐く時に
「あーーー」「えーーー」「いーーー」「おーーー」「うーーー」
と声を出してみましょう。
　声を出す時に（＝息を吐く時）に本が下がるはずです。
　これが腹式呼吸をしながら吐く息に声を乗せて発声をしている正しい状態です。

具体的行動
　膝を立てて仰向けになる。この姿勢で呼吸をすると必ず腹式呼吸になる。お腹に本を乗せて、口から息を吐き、鼻から息を吸うを繰り返す。

010 声が震えないようにする方法

ロングトーンを毎日続けると、声が震えなくなる

　私はインターネットで「200人の前でも緊張せずあがらずに話す法」というタイトルの動画（有料）を公開していますが、どんなキーワードで検索してサイトにアクセスする人が多いのかを定期的に調べています。

　その中で最も多い検索キーワードの組み合わせは「人前で話す」と「声が震える」です。

　朝礼や会議、プレゼンテーション、披露宴、会合、発表会等で話す時に自分の声が震えることに悩んでいる方がいかに多いかがわかります。

　もし、あなたも人前で話す時に声が震えていることで悩んでいるのでしたら、簡単な克服方法をお教えしましょう。

　それは、「**ロングトーン**」の練習です。

　ハミングをするように「ん〜」という無声音をできるだけ長く続けてください。

　小さな音でもOKです。

　最初は10秒程度で結構ですが、これを20秒ほど続けられるようにしましょう。

　これがロングトーンですが、のどをリラックスさせながら声を

出す練習には最適です。

　ロングトーンの練習は数分でよいのですが、毎日続けることがポイントです。

　この練習を続けていると人前で話す時の声の震えがなくなっていきます。私もこの方法で人前での声の震えを克服しました。

　また、カラオケで歌いすぎたり、大きな声を出した後にこのハミングでのロングトーンを5〜10分程度行っておくと、のどの筋肉がリラックスするので翌日に声が枯れることを予防できます。私は講演会の帰りの電車の中でいつもロングトーンを行っています。

　さらに、大事な会議やプレゼン会場に向かう移動中にロングトーンを行っておくと、のどが温まり、声の出がよくなります。無声音なので電車に乗っている時に行っても、街中を歩いている時に行っても周りの人には聞こえませんのでご安心ください。

具体的行動

　緊張で声が震えることがあれば、ロングトーンを毎日数分トレーニングする。

011 のどに負担をかけない声の出し方①

のどの力を抜くと、声量が上がる

　落ち着いた、通りのよい、きれいな、説得力のある、ボリュームのある声を出すために一番大事なことは何でしょうか？

　一生懸命やること？

　頑張ること？

　力を入れること？

　いえ、一番大事なのは「脱力」です。

　どんなに上手に腹式呼吸ができていても、力んでのどに力が入っていると声量のない、キンキンした、緊張感のある、耳ざわりの悪い、高音が出にくい話し方になります。

　いわゆる「のど声」です。

　カラオケで歌ったり、会議で長く話をし続けるとのどが痛くなってしまうような方はのどに力を入れた状態になっています。この状態で話すとどんなに良い内容の話をしても聞くほうが疲れてしまいます。

　では、これからのどに力を入れず、脱力させた状態で声を出すためのトレーニング法を5つ紹介します。このうち、自分に適した方法を選んで続けてみてください。

　1つめは、「**ハミング法**」です。

ハミングとは口を閉じて声を出さずに「ん〜ん〜ん〜っ♪」とか「ふ〜んっ、ふ〜ん♫」と鼻歌で歌うアレです。
　この状態の時にはのどには力が入っていません。
　この状態から口を徐々に開けて声に変えていきます。
　つまり、口を閉じている状態である
　「ん〜ん〜ん〜っ♪（ハミングで）」
　に続けて、口を開けた
　「・・・んわぁぁあ〜〜（口を開けて声を出す）」
　につなげます。
　文字で表すと次のようになります。
　「ん〜ん〜ん〜っ♪（ハミング）・・・んわぁぁあ〜〜（口を開けて声に変える）」
　これをもっと簡単にしたのが次です。
　「ん〜〜〜（ハミング）あ〜〜〜（声）」
　「ふ〜ん」のほうがハミングしやすい人は次のイメージです。
　「ふ〜〜〜ん（ハミング）・・・ふわぁぁあ〜〜（口を開けて声に変える）」
　これができると声を出す時にのどに力が入らず、しかも鼻の後ろにある鼻腔（びこう）と呼ばれる広い空間に音が共鳴した響きのある良い声になります。

具体的行動
　ハミングをしながら無声音から有声音を出す練習をする。

012 のどに負担をかけない声の出し方②

外野手の姿勢をすると、のどに負担がかからない

　野球の外野手の守備体勢をイメージしてください。膝を曲げて中腰になり、両手を両膝の上に置いて顔を上げてバッターのほうを向いているあの構えです。

　この構えの時にはお尻、腹、みぞおち、気管支、気道、のど、鼻腔が一直線になっています。 この構えをしてみましょう。

腰を少し落として中腰に

　そして、1本の塩ビパイプがあなたの口からスポッと入り、口、のど、気管、みぞおちを通って腹まで一直線に貫いている様子をイメージしてください。

　その状態で大きく口を開けて、「あっ！」「えっ！」「いっ！」「おっ！」「うっ！」「あっ！」「えっ！」「いっ！」「おっ！」「うっ！」と繰り返しながら、徐々に両手を膝から離して上体を持ち上げ、直立の姿勢にします。こうすることでのどに負担がかからない発声ができます。

　具体的行動
　野球の外野手の姿勢で大きく口を開けて発声練習をする。

013　のどに負担をかけない声の出し方③

のどぼとけを下げて話すと、のどに負担がかからない

　のどに力を入れず、脱力させた状態で声を出すためのトレーニング法の3つめは「**のどぼとけ下げ法**」です。

　のどぼとけに人差し指を当て、ツバを飲み込みます。すると、のどぼとけが上がってから下がるのがわかりますよね。

　話している時にのどぼとけは上下動しますが、のどに負担をかけない声を出す練習のために、のどぼとけを下げたまま発声する練習をします。のどぼとけに人差し指を当てます。この人差し指に触れているのどぼとけを上げないように下げたまま、「あ〜」「え〜」「い〜」「お〜」「う〜」と発声します。

　これができたらやはりのどぼとけをできるだけ上げないように下げたままで、「あいうえお、いうえおあ、うえおあい、えおあいう、おあいうえ」と発声します。

　次に「あ」の音でドレミファソラシドの音階を声に出します。「あ（ド）、あ（レ）、あ（ミ）、あ（ファ）、あ（ソ）、あ（ラ）、あ（シ）、あ（ド）」

　ポイントは首まわりの力を抜くことです。

具体的行動
　のどぼとけが上がらないように、低い声で発生する。

014 のどに負担をかけない声の出し方④

あくびをする時の口の開け方が理想的なのどの状態

あくびをして「ふあ〜ッ」っと声が出る瞬間はのどや口が最大限に広がったリラックスした状態です。劇団四季ではこれが「理想的なのどのフォーム」と言われています。これを発声法に活用したのが「**あくび発声法**」です。

人は「息を吸う→息を吐く」という順序であくびをします。そして、口を大きく開けた瞬間がまさに話をする時に声を出す理想的なのどの状態になっています。

そこで、「あくび」と「発声」をつなげます。

息を吸いながらあくびをしていき、「ふあ〜ッ」っと声が出る瞬間には息が出ていますから、この「ふあ〜ッ」っと声が出た次の瞬間から「あ〜〜〜っ」と声を出していきます。

これができるようになったら「あ〜〜〜っ」を「い」「う」「え」「お」に変えて練習します。

次に、「あ」「い」「う」「え」「お」をつなげます。

［息を吸う→口が開く→「ふあ〜ッ」っと声が出る→「あ〜〜い〜〜う〜〜え〜〜お〜〜っ」に変える］

具体的行動
擬似的にあくびをして、のどを広げながら発声する。

015 のどに負担をかけない声の出し方⑤

手のひらを温める息の吐き方も理想的なのどの状態

　寒い時に両手のひらに「は〜っ」と息を吹きかけますよね。あの状態は口を開けて、のどを広げて、リラックスさせて、無声音を出している状態です。

　これも発声する時の「理想的なのどのフォーム」なので、「息を吹きかけて手を温める動作」と「発声」をつなげます。

　腹式呼吸で大きく息を吸い込んでから、両手のひらに「は〜っ」と息を吹きかけます。この時は音になっていませんから無声音です。この「は〜っ」の後に続けて有声音「あ」に変えます。

　「は〜〜っ（無声音）・・・あ〜〜っ（有声音）」の練習を何度か繰り返してコツをつかんだら、次に吹きかける息を「ひ〜っ」に変え、「ひ〜っ」の後に音を乗せて有声音「い」に変えます。

　同様に、「ふ〜っ」から「う」、「へ〜っ」から「え」、「ほ〜っ」から「お」と続け、再び「は〜っ」に戻り、これを何度か繰り返してから「は〜〜っ」と息を吹きかけた両手を徐々に下げていき、両手を脇に降ろします。そして、首を伸ばし、直立の姿勢になり、そのまま「あ〜え〜い〜お〜う〜」につなげます。

　具体的行動
　手のひらに息をふきかけるようにして、有声音を発声する。

第2章

出世力が上がる話し方

016 話の対象を明確にする方法

ペルソナシートを使うと、話の対象が具体化できる

　私は講演を行う時にはどんな人たちが参加をするのか、何が求められているのか、なぜ私が話すことを依頼されたのか、決定権者は何を求めているのかを考えるようにしています。

　経営幹部が集まっている場と、店舗スタッフだけが集まっている場での話は当然内容が異なり、求められることも違います。

　男性参加者が多い会場と女性だけの会場と、男女半々の会場でも話の内容が変わります。

　賀詞交換の場でのスピーチと研修会場での話し方と朝礼での話し方は異なります。

　主催者が求めているものと参加者の意識が違う場合もあります。

　参加者が自らの意志で話を聴きに来ているのか、あるいは仕方なく参加しているのかでも話す内容やトーンが異なります。

　20代の多い研修会と50代の多い研修会では進行も内容も違います。

　つまり、**話の対象が誰であるかがわからないと話の内容が十分には伝わらない**ということです。そこで、誰に話をするのかを明確にするために、「ペルソナシート」の活用をお勧めします。聞

き手の中でキーマンや決定権者、主要人物1〜3人をイメージして書き込みましょう。

　こうして、**あらかじめどのような参加者なのかがわかっていると、話の内容を考えるヒントになるだけでなく、当日のイメージがつかみやすくなります。**

　また、参加者はどんな人が多いかも事前に知っておくと、話す内容そのものだけでなく、話し方もイメージしやすくなります。

　例えば、当日の参加者が「30代の人が多い」といったことがわかれば、「そうか、30代なら会社の佐藤くんや上野さんに話をする感じで話せばいいのだ」とか「確か親戚の達也くんが30代だったな。それなら彼に話しかけるイメージで話せばいいんだな」といったことがイメージできるようになります。

　参加者にビジネスパーソンが多いのか、学生が多いのか、男性が多いのか、女性が多いのか、あるいはどんな職業についている人が多いのか、どんな業界の人が参加するのかなどがあらかじめわかっていれば、服装の準備もしやすくなります。

具体的行動

話す対象の特徴を以下のペルソナシートに書き入れてみよう。

1.キーマン	※その人の具体的な名前がわかれば書き込みます。	写真 (特に主なキーマンがいればその人の写真を貼りましょう。)
2.性別		
3.年齢		
4.役職や立場		
5.仕事内容		
6.経歴や学歴		
7.趣味や信条		
8.その他の参加者の属性		
9.総参加人数		
10.男女比		
11.年齢構成		
12.会場		

13. 参加者の知識レベル	※あなたが話そうとしている内容にどの程度の理解があるのか、知識があるのか？を書き込みます。
14. 場所	
15. 話す日時	
16. 話す長さ	
17. 聞き手の主な悩みや解決したいことは何か？	
18. 聞き手はあなたに何を求めているのか？	
19. なぜあなたにスピーチを依頼してきたのか？	
20. その他	

主となる決定権者、キーマンがいる場合は1〜7を記入する。主となる人物がいない場合には8以降を記入する。

017　話の目的を明確にする方法

話す目的をはじめに決めると、話す内容をまとめやすい

　人前で話をする時には、次のような目的があります。
① 情報を提供する
② モチベーションをアップさせる
③ 説得する
④ 楽しませる
⑤ 好意と信頼性を築く

「ペルソナシート」で「誰」を明確にしたら、その「誰」に向けて「何」を話すのかを明確にします。
　この時、上記①〜⑤を参考にして話の目的を整理します。目的を明確にすることで話す内容が決まっていきます。

① 情報を提供する
　聞き手に仕事に関する知識を学んでほしい、仕事で必要なスキルを身につけてほしいなどの勉強会、研修会、技能講習会の場で話をする時の目的はこの「情報を提供する」になります。

② モチベーションをアップさせる
　上司が部下のやる気を引き出したいといった場で話をする時の目的はこれになります。

③ 説得する

自分の考えや意見を話すことで聞き手の行動や態度に変容をもたらしたい場合、例えばセールスや接客販売、勧誘などです。

④ 楽しませる

懇親会、食事会などの場では盛り上げる話が必要です。

⑤ 好意と信頼性を築く

初めて相手企業の担当者と会う場合、来店いただいたお客様を接客する場合、会議の前にクライアントと談笑する場、あるいは趣味のサークルでのメンバーミーティング、市町村の団体の会合等で話をする時の目的になります。

優れた話し手は最初に話す目的を明確にします。
さて、あなたが今回話す目的は何でしょうか？
以下に書き込んでください。

具体的行動

話の目的を以下のスペースに書き入れてみよう。

話の目的

018 聞き手の行動変容を促す方法

聞き手の行動が変わったなら、その話は成功と言える

「コミュニケーションの意図は相手の反応にある」

これは心理学のNLPを学んでいた時に教えてもらった言葉です。

つまり、どんなに話やスピーチ、プレゼンが上手にできても、相手（＝聞き手）の態度や行動が話を聴く前と同じで何も変わらないのであれば、それはコミュニケーションとしては失敗だということです。

しかし、話を聴き終わった後で聞き手のスキルが上達してセールスや接客が上手になった、やる気が目に見えて上がってきた、話をする前よりも人間関係が良くなった、というように態度や行動に変化が現れたのであれば、その話は成功したということです。

特にプレゼンの場合、その提案を聴く人たちにどのような反応を求めるのか、どのように行動してほしいのかを明らかにすることで、自分が言いたいことを一方的に話すだけの無意味なプレゼンに陥ることを防げます。

また、リーダーがメンバーにモチベーションを上げてもらいたい時のスピーチや訓話なども同様です。

聞き手に対して、成長してほしいことや変わってほしいことを具体的にします。そのうえで話し方を工夫します。この時、「**ラベリング**」という心理学理論が有効です。

ラベリングとは、例えば「あなたは時間をよく守る人だね」とか「あなたはいつも目を見て挨拶をするので感じがいいね」などと相手の言動にラベルを貼るように特徴づけてあげると、その行動が強化される心理特性のことです。

この時大事なことは「あなた」とか「ここにいらっしゃるみなさん」というように訴えるようにして、聞き手に自分ごとだと思わせることです。

プレゼンの提案でも、「みなさんにとってこんなメリットがあります」と聞き手が望むことを明確にし、それを実行すると誰もが幸せになれるような話し方をすると同意への意識が強化されます。

具体的行動

聞き手に期待する行動変容を以下のスペースに書き入れてみよう。

聞き手に期待する行動変容

019 原稿を作成することの意味

原稿を事前に用意すると、内容が整理できて安心できる

　ここまで「誰」に対して「どんな目的をもって」「話を聴いた後で聞き手にどういう具体的な態度と行動の変化を期待するのか」を明確にするポイントを紹介しました。

　こうしたことを整理したうえで、話の核となるメッセージを決めてどんな話をするか、それを原稿にまとめてみます。

　原稿を用意しないと話す内容がまとまらないうえに、話が失敗した時、「ちゃんと準備すれば自分にもできたのに……」という言い訳を自分に与えることになりかねません。これを心理学では**「セルフ・ハンディキャップ」**と言います。

　セルフ・ハンディキャップの状態でいくら場数を踏んでも優れたスピーカーになることはありません。

　逆に、原稿を用意することで安心感が生まれます。

　原稿は手書きの人もいますし、実際に話をしたものをワープロソフトで原稿として書き上げる人やパワーポイントで作る人、マインドマップで話の流れやポイントを図解する人もいます。

　詳細にすべてを文章化するのでもいいですし、大まかな構成を考えて見出しだけ書き出すのでもいいでしょう。

具体的行動

以下のフォームで話す内容をシンプルに整理する。

日時：私は＿＿＿＿＿＿月＿＿＿＿＿＿日（日時）に

場所：＿＿＿＿＿＿＿＿＿＿＿＿＿＿＿＿＿＿＿＿＿で

参加者：＿＿＿＿＿＿＿＿＿＿＿＿＿＿＿＿＿＿＿＿
　　　　　　　　　　　　　　　　に対して話をします。

目的：＿＿＿＿＿＿＿＿＿＿＿＿＿＿＿＿＿＿＿＿＿
　　　　　　　　　　　　　　　　　　が目的です。

メッセージ：＿＿＿＿＿＿＿＿＿＿＿＿＿＿＿＿＿＿
　　　　　　　　　　　　　　　が私が伝えたいことです。

行動内容：＿＿＿＿＿＿＿＿＿＿＿＿＿＿＿＿＿＿＿
　　私が話し終えた後で聞き手はこのように行動します。

020 原稿による話し方の練習法

話の構成を掴んでおくと、話に詰まる不安が解消する

　原稿を作ったら、それをもとに練習をします。この時のポイントを以下に紹介します。

1．原稿を一字一句暗記しない

　全体の流れ、構成、大意、ストーリーを把握できれば十分です。一字一句を覚えようと練習して本番で話に詰まると「どこまで話をしたのかわからなく」なり、頭が真っ白になってしまいます。

　しかし、話す内容の構成を大まかにつかんでおくと、話に詰まる不安が解消できます。この時、大まかな流れを箇条書きにした小さなメモを用意しておくとよいでしょう。

2．立って練習する

　人前での話は立ってするシチュエーションが多いので練習時にも必ず立って行ってください。座って話すのと立って話すのとでは「安定感」が違ってくるからです。

　座って話している時には落ち着いていたのに、立って話すと体が不安定になり揺れる人がいます。重心が上がってしまうのです。すると緊張度合いが増すことになります。

第2章 出世力が上がる話し方

3．練習しすぎない

起承転結や章立てを考えて、原稿を作成している時点ですでに話の骨子は頭の中にはいっています。そのため、事前の練習は何度も何度も繰り返す必要はありません。せいぜい5回程度で十分です。

4．家族や同僚、友人に聞いてもらう

自分以外の人を前にして話す練習をしましょう。その時に話す内容に対してのコメントやアドバイスは家族や同僚、友人に求めなくても結構です。ただ、その話を一度人前で話す経験をしておく、ということが大切なのです。

5．当日と同じ服装にする

スピーチなどでは当日と同じ服装で練習をしましょう。Tシャツやスポーツウェアなどのラフな格好で練習をするのと、本番当日に視線が集まる中でスーツで話すのとではやはり「話す感覚」が違ってきます。

6．動画撮影をしてチェックする

プロスポーツ選手は自分のフォームを動画でチェックします。自分の実際のフォームと理想のフォームの差を確認して修正しているわけです。

これと同様に、スマホのカメラなどを使って自分の話し方をチェックして修正していきます。

具体的行動
原稿を丸暗記せず、当日の場面をイメージして、本番のように話してみる。

021 場所の下見による意識づけ

良い会場だと決めつけると、そう感じられるようになる

　大きめの会議やプレゼン、スピーチの際には可能であれば事前に会場の下見をします。当日の打ち合わせ場所が会社の会議室なら実際にその部屋に入り、当日に話をする場所に立ってみます。

　そして、ゆっくりと周囲を見渡します。披露宴会場が近くなら実際に会場を見に行きます。会場の雰囲気と広さを肌で感じます。

　私も講演に慣れるまでは事前に講演会場の下見に行き、担当者にお願いして実際の場所に立たせていただくようにしました。そして、会場の広さ、奥行き、高さ、日当たり、窓の大きさ、机の並び、入り口の位置を体感しました。

　それから当日の視線の置き場を探しました。壁に掛けてある時計や絵の位置を確認して、「当日はあの時計を見ると視線が上がるな」とか「あの絵のほうをたまに見るようにしよう」と決めていました。

　また、会場では意識的に「良い印象」を持つようにします。例えば、狭い会場であれば「これは小さくてちょうどいい。あまり緊張しなさそうだ」と意識的に思うようにします。

　広い会場であれば「これだけ広ければ後ろの人は私の緊張感が

顔に出ていることなどわからないな」と考えます。

　高層であれば「見晴らしがいいのできっと気分もいい」、1階なら「地に足が着いた感じでリラックスできそうだ」、駅から遠ければ「歩きながらリラックスできる」、駅から近ければ「近くて便利」と考えます。とにかくその会場、場所は「自分にとって良い場所だ」と思い込むようにします。

　人の脳は「最初に決めたこと」を証明しようとします。そのため、最初に「なんかイヤな場所だなあ」と考えてしまうと、その場所がイヤであることを証明するために「イヤなこと」を探しはじめてしまうのです。

　例えば、壁の汚れや窓の小ささ、会場の狭さによる圧迫感、担当者の対応等に「イヤなこと」を見つけて、その結果「やっぱり、ここはイヤな場所だ」と自分が正しいと証明することになります。そうなると当日のスピーチや講演、会議でリラックスすることが難しくなってしまいます。

　そのため、下見会場では意識的に「良い印象」を持つようにします。

　（また、トイレや飲み物を買えるお店、自動販売機の場所も確認しておくと、初めての場所でもなんとなく落ち着いた場所に思えてきます。）

　　具体的行動
　話をする場所には実際に立ってみて、当日の雰囲気を事前に感じとっておく。

022 当日の準備

やることを事前に準備すると、気持ちが落ち着く

●会場の準備

人は大勢の中にいると群集心理が働き、同調しやすくなります。そのため、聞き手は離れて座っている時よりも大勢が集まった時のほうが話し手の話を集中して聞くようになります。

よって、もし参加者が少ないことがわかっている時は小さめの会場を選びます。大きな会場でスカスカな場所で話をするよりも、小さな会場で目いっぱい埋まるほうが群集心理効果が働きます。

●30分前の準備

この段階では「味方」を作る活動を開始します。

結婚式であれば同じテーブル席の人に話しかけます。会議であれば近くの人に話しかけます。プレゼンであれば先に会議室に来ているクライアントに話しかけます。講演であれば早めに会場に来ている人に話しかけます。

話の内容にはこだわらず、とにかくあなたから相手に話しかけてください。

「どちらからいらっしゃったのですか？」

「良いお天気ですね」

「大勢の方が来られていますね」

「(ネームプレートを見て) 佐藤さんとおっしゃるのですか？初めまして。私は酒井と申します」

「素敵なスーツですね」

「センスのいいネクタイですね」

このように、会話の糸口は何でもOKです。

ここで大事なことは事前に参加者と「接触機会」を作ることです。人は一度接触した相手には親近感を抱きやすくなります。そのため、本番になってからその人が「味方」になって、話を好意的に聞いてくれるようになります。

そうすれば、その人は「うなずいたり」「相槌をうったり」「笑顔を見せてくれる」可能性がとても高くなります。

そして、できれば会話の中でその人とあなたの「共通項」や「類似性」を見つけることができればベストです。人は自分と共通項がある相手にはより親しみを感じるからです。

●**10分前の準備**

講演活動を始めたばかりの頃、私は話をする本番前にわざと会場の前に進み出ていました。前に進み出て演台のレジメの位置を直したり、パソコンを触りながらわざと参加者の目に私の姿が映るようにしていました。

米国の心理学者ロバート・ザイアンスは「**人は知らない人に対しては攻撃的な態度をとる。接触回数が多いほど親しみを感じる。相手の人間的な側面が見えると感情が深まる**」という研究結果を発表しています。

このことを参考に、私は本番で初めて参加者の前に顔を出すのではなく、本番前に何度か私の顔を参加者に見てもらえるようにしていました。

　時には講演前に受付の近くに立って「こんにちは」「いらっしゃいませ」と参加者を迎えることもありました。演台の資料を置きなおしたり、マイクの位置を調整したりと何度か会場の前に進み出て、講師席の近くに立って会場を見渡したりもしました。

　参加者も私の顔を見て「この人が今日の講師か」と認識し、私の顔を見慣れてくるのです。

　つまり、「人は知らない人に対しては攻撃的な態度をとる。接触回数が多いほど親しみを感じる」という人間心理を利用していたのです。

　また、マイクの音量をテストするふりをして、マイクを持って「後ろの方、聞こえますか？」と聞いたりもしました。

　すると大抵の場合、後ろの席に座っている人が「はい。聞こえます」とか「はい、大丈夫です」と返事を返してくれます。

　このようにして本番前に参加者の方に顔を見てもらい、声を聞いてもらいながら、接触頻度を増やすようにしていました。

　緊張を強いられるプレゼンや発表などの時、聞き手との距離感を縮めるこの方法は意外と効果があるものです。

　具体的行動
　当日は参加者と事前に接触機会を多く作るようにする。

023　1〜3分のスピーチに使えるワザ①

「事例＋伝えたいこと」だと、話は伝わりやすくなる

　ここでは1〜3分程度の時間で行う朝礼、会議、プレゼンに使える話し方として「**EP話法**」を紹介します。
　EP話法とはExample（事例や具体例）、Point（結論や伝えたいこと）の頭文字をとったものです。

EP話法＝Example＋Point＝事例＋伝えたいこと

　話をする時にこの順序で話を構成すると相手に伝わりやすくなります。
　例えば、次のような話になります。

［**事例**］先日、フリーアナウンサーとして活躍している中山留美さんと会いました。いつも中山さんと話をしていると楽しく時間が過ぎます。お会いするたびになぜ中山さんの話は楽しく感じるのだろう？と不思議に思っていたのですが、その秘密がわかりました。
　人は3000ヘルツの周波数の声が一番心地よく聞こえるのだそうですが、その声は腹式呼吸から生み出されるのです。その

ためアナウンサーとして常に腹式呼吸を行っている中山さんの話し声を聴いていると楽しい時間が過ごせるわけですね。

[**結論**]これは営業マンも同じこと。普段から腹式呼吸で声を出すことができるとお客様に心地よくあなたの声が聞こえるということです。営業マンの方は今日から腹式呼吸を意識して元気な明るい声でお客様に会うようにしましょう。

この話で伝えたいことは、「営業マンは腹式呼吸で元気で明るい声で話をしよう」ということです。これがPoint（結論や伝えたいこと）です。

ただし、結論だけを伝えても「そんなの当たり前だ」と思うだけで印象に残らず、影響も受けません。

そのためPointの前に「中山さんの話を聴いているとなぜか楽しい。その理由は3000ヘルツの周波数にあり、それは腹式呼吸から生まれることがわかった」という実体験をExample（事例）として話しています。

すると同じことを伝えているのに相手の印象に強く残りやすくなります。

もう1つ、例を挙げましょう。

[**事例**]先日、AさんからSNSで次のメッセージが届きました。『酒井さんのメルマガからヒントを得まして会計事務所に採用されました。今、試用期間中です。夢が叶いはじめました。』

前の週に私が配信したメルマガでは自己暗示が大事だという記事を書いたのですが、Aさんは「自分は天才だ、できる！」

と思い込んで面接にいったら採用されたのだそうです。

H・R・D研究所の立石実美所長によるとトップセールスマンとそうでないセールスマンの最大の差は「自分は世界一のセールスマンである」と思っているかどうかの違いなのだそうです。

[**結論**]ですから、皆さん、今日からは自分は天才だ！デキル！と思い込みましょう。思い込みが人生を変えます。

この話では、「自己暗示をかけて面接に臨んだら採用されたというメッセージが届いた」というExampleを紹介して、その後で「思い込みが人生を変えます」というPointを伝えています。

これがEP話法です。

具体的行動

EP話法の構成を考えるためのキーワードを書き入れよう。

Example (事例や具体例)	
Point (結論や伝えたいこと)	

024　1〜3分のスピーチに使えるワザ②

事例を3つ添えると、説得力が高まる

　もう1つ1〜3分程度の時間で使える話法として、「**一理三例話法**」を紹介します。

　この話法では事例を3つ挙げて、「主張・結論→事例1→事例2→事例3→主張・結論」という構成で話を組み立てます。

　ロジカルシンキングの本などに「結論とその根拠を複数述べる」ピラミッドストラクチャーが紹介されることがよくありますが、基本構造はこの一理三例と同じです。例えば次のような話し方です。

　[**主張や結論**] 私は営業部門へのタブレット端末の導入を提案します。
　[**事例1**] その理由の1つめは、タブレット端末の導入により初期投資は必要になりますが、現在、年間に営業部門で使用しているコピー機、用紙、トナー代、メンテナンスのコストを計算すると導入3年め以降からペーパレス効果が生まれ、毎月コストが15%削減になるという試算が出ています。
　[**事例2**] 理由の2つめとして、同業C社ではすでに営業担当者全員に顧客への提案用にタブレットを配付し、契約数獲得の増

大をもたらしています。

[**事例3**] 3つめの理由は、すべての端末からのデータの出し入れをリアルタイムで監視できるシステムを利用することにより、情報漏洩防止を一括管理できるというメリットがあることです。

[**主張や結論**] したがって、私は営業部門へのタブレット端末の導入を提案します。

具体的行動

一理三例話法の構成を考えるためのキーワードを書き入れよう。

主張や結論	
三例	事例や根拠1
	事例や根拠2
	事例や根拠3
主張や結論	

025 5〜10分のスピーチに使えるワザ

結論＋理由＋事例＋結論で話すと、論理的に伝わる

　ここでは5〜10分程度の時間で使える話し方として「**PREP話法**」を紹介します。

　PREP話法とはPoint（結論や伝えたいこと）、Reason（理由）、Example（事例や具体例）、Point（結論や伝えたいこと）の頭文字をとったものです。この順序で話を構成すると論理的にまとまるため、相手に伝わりやすくなります。

PREP話法 = Point + Reason + Example + Point
　　　　　= 結論＋理由＋事例・具体例＋結論の繰り返し

プレゼンを例にPREP話法の話し方を以下に説明します。

［**結論**］屋外看板のデザインについてA案をご提案します。
［**理由**］理由は商品の特徴の1つである鮮やかな朱色が映えるように、背景色に緑色を使っているからです。
［**具体例**］例えば信号機のライトは遠くからでも見えやすいように赤や黄や緑の波長が長い色を使っていますが、このA案はさらに商品の赤みを引き立たせるために、背景にあえて補色で

ある緑を使っています。そのため屋外看板としては遠くからでも信号機のように視線を集めることができます。
[結論の繰り返し] ですから、私はA案をお勧めします。

PREP話法の特徴は、聞き手の集中力が高い話の冒頭に結論を端的に述べて印象づけること、その理由を具体例をそえることで納得感を高めること、最後に結論を聞き手に擦り込むことで話し手の意図する方向に意識を向けてもらったり、行動を起こしてもらったりすることにあります。

本書の「はじめに」の文章もPREP話法をもとに書いています。

具体的行動

PREP話法の構成を考えるためのキーワードを書き入れよう。

Point 結論	
Reason 理由	
Example 事例・具体例	
Point 結論の繰り返し	

026 少し長めのスピーチに使えるワザ①

事件＋葛藤＋解決＋教訓で、メッセージ性が伝わる

「JKKK話法」とは事件、葛藤、解決、教訓の頭文字をとった私の造語です。スピーチやセミナー等で長い話をする時にこの順序で話を構成するとメッセージ性の高い話をすることができます。

JKKK話法＝事件＋葛藤＋解決＋教訓

私が実際に経験したことを例にJKKK話法を説明しましょう。

[事件] 40歳の時、私は商売に失敗し無職無収入になりました。しかも大怪我をして長期入院をすることになりました。
[葛藤] 数か月の間、私は病院のベッドの上で人生に失敗したと後悔し、毎日死ぬことばかり考えていました。
[解決] ある日のこと、外出許可が出たので私は家内の運転する車で街の書店に行きました。そこでたまたま手にした1冊の本を読んだことによって、私は入院中に再起業したのです。
[教訓] 1冊の本が人生を変えたのです。ぜひ読書の習慣をつけましょう。

これを話の骨子として肉付けをすれば30分〜1時間程度の講演会も可能です。実際に私はこの骨子で講演を何度も行っています。
　あなたに質問します。
- 「今までの人生で何か事件、問題がありませんでしたか？」
- 「その時にどんなことで苦しみましたか？」
- 「それをどうやって解決しましたか？」
- 「そこから何を学んだのでしょう？」

この質問の答えがJKKK話法での話の骨子になります。
　ちなみにJKKK話法は2005年6月、スティーブ・ジョブズがスタンフォード大学で行った卒業祝賀スピーチの構成と同じです。

具体的行動
　JKKK話法の構成を考えるためのキーワードを書き入れよう。

事件	
葛藤	
解決	
教訓	

027 少し長めのスピーチに使えるワザ②

現在＋過去＋未来の順番だと、感動や共感の構成になる

　次に、「**現在・過去・未来話法**」を紹介します。これは話を「現在」→「過去」→「未来」の順番で構成する方法です。この構成はNHKのテレビ番組「プロフェッショナル」や「プロジェクトX」でもよく使われているものです。

　理想としては、現在から過去の話に切り替わる時、失敗や挫折、怪我や病気といった話でいったんトーンを下げます。それから未来の話につなげる時に上に向かって伸びていくというイメージが含まれた構成がベストです。

　実話をもとに「現在→過去→未来」の順序で構成した話を紹介しましょう。

［**現在**］こんにちは。酒井とし夫です。
　今、私は講演会講師として年間に100本以上の講演依頼をいただき、日本全国の講演会場を回っています。本も5冊出版していて、みなさんが読んでくださっているこの本が6冊目です。
　講演会参加者の方や本を読んでくださった方からは
『酒井さんの講演を聞くと元気が出る』

『酒井さんの本を読むとやる気が出る』
と言っていただきます。
そんな私ですが実は数年前までは元気もやる気のかけらもない男でした。
[過去] 私は40歳の時に商売に失敗して無職無収入になりました。そしてあろうことか時を同じくして大怪我をしてしまい全治6か月の状態になりました。
その1か月前に家内も勤務していた一部上場企業を退職したばかりでした。
私は完全に収入のあてがなくなり、病院のベッドの上で絶対安静の状態で横になっていました。
『これからどうしよう。オレは人生に失敗した。もう死のう……』
本気で毎日そう考えていました。
数か月が経ったある夜のこと。ふとしたきっかけで1冊の本を手にしました。読み始めると面白くて止まらなくなり、私は徹夜でその本を読み終えました。
その本はある著名なコンサルタントの方が書いた本でしたが、私はその本を読み終えた瞬間に病院のベッドの上でこう思ったのです。
『よし、もう一度起業しよう』
それから病室で朝から晩まで事業計画書を書き出しました。
書いて、書いて、書きまくり、気がつくと300ページを超える計画書が完成したのです。
私は退院後、その事業計画書をもとに再起業しました。
そして、翌年には累計売上で1億円を実現しました。

そこから私の人生がどんどん動き始めました……本を出版し、講演活動を行うことになり、連載の依頼が舞い込むようになったのです。
[未来] もしかしたらこの本をお読みの方の中にも、まさに今、怪我や病気、失敗、挫折といった不遇な状況にぶち当たっている人がいらっしゃるかもしれません。
　でも、私がたまたま手にした1冊の本から勇気づけられたように、私の書いた本を読んだ方や講演会に参加した方が、もしかしたらそこから勇気や元気を手にするかもしれない、失意の中から立ち上がるきっかけをつかむかもしれない。

　私はこれからも多くの人に
　『酒井さんの講演を聞くと元気が出る』
　『酒井さんの本を読むとやる気が出る』
　と言ってもらえるような講演家であり、著者でありたい。
　それが私の夢です。

第2章　出世力が上がる話し方

具体的行動

現在・過去・未来話法の構成を考えるためのキーワードを書き入れよう。

現在	
過去	
未来	

028 鉄板ネタをつくり出す話法

小さなネタを集めることで、鉄板の内容に構成できる

　ここでは「**きみまろ話法**」を紹介します。きみまろ話法とは、綾小路きみまろさんのライブやDVDを観て私が考え出して実践している話し方です。

　講演会講師やセミナー講師、研修指導者など、人前で話すことが多い人はこれをマスターすると、鉄板のネタをつくり出すことができます。

　綾小路きみまろさんの話は全体を通した一本筋のあるストーリーというよりは「小さなネタ」の「集まり」で「全体が構成」されています。

　きみまろさんの「小さなネタ」はそれぞれが次のように数十秒〜3分程度で完結します。

　「ようこそおいでくださいました。目を閉じたくなるような美しい方ばかりです。まだまだ老け込むには、早すぎます。でも、連れ込むには、遅すぎます。」
　「毎日お陰様で超多忙です。明日も朝9時から撮影が入っております。……レントゲンの。」
　「健康は宝です。健康でさえあれば、奥様のようなお顔でも

そのように生きられるのです。私の友人なんか健康だといいながら、ジョギングして滑って転んで肩甲骨を折ったのです。」

イメージとしては次のような構成になります。

小さなネタ A	小さなネタ B	小さなネタ C	小さなネタ D	小さなネタ E

全体

　例えば、この「小さなネタA」「小さなネタB」「小さなネタC」「小さなネタD」「小さなネタE」の順序で人前で話をしたとします。そして、「小さなネタB」があまりウケなかったとします。
　その場合、「小さなネタB」に代わる新しい「小さなネタX」を考えます。
　そして、次回は下図のように「小さなネタA」「小さなネタX」「小さなネタC」「小さなネタD」「小さなネタE」の順序で人前で話をします。

小さなネタ A	小さなネタ X	小さなネタ C	小さなネタ D	小さなネタ E

全体

この時に「全体としては良いけれど、もっと完成度を高めたい」と感じたとします。
　そのために「小さなネタD」の部分を改良できるとします。そして改良したものを「小さなネタD'」とします。
　次に人前で話す時には下図のように「小さなネタA」「小さなネタX」「小さなネタC」「小さなネタD'」「小さなネタE」の順序で人前で話をします。

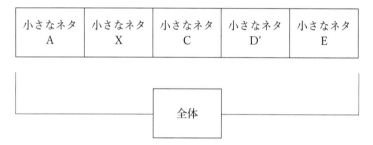

　人前で話す機会の多い人はこれを繰り返していくと、いわゆる「鉄板スピーチ」「鉄板講演」「鉄板セミナー」「鉄板研修」「鉄板授業」ができあがります。
　時代や流行の変化が起きた時や事例が古くなった時にも、全体を修正するのではなく、ユニット単位の「小さなネタ」部分を差し替えるだけでロングセラー的な話を作り上げることができます。

第2章 出世力が上がる話し方

具体的行動

きみまろ話法の構成を考えるためのキーワードを書き入れよう。

各小ネタは2〜3分程度で話せるものにする。全体を通して伝えたいことを明確にしておくと、小さなネタに1本の軸が通って話の全体に一貫性が生まれる。

全体を通して伝えたいこと	
小さなネタ	
小さなネタ	
小さなネタ	
小さなネタ	
小さなネタ	
全体を通して伝えたいこと	

029 聞き手の行動変容を促す話法

PASONAの法則を使うと、聞き手は行動が喚起される

　カリスママーケターである神田昌典氏が紹介している効果的なセールスレターのコピーを書く手法の1つに「**PASONAの法則**」があります。

　これを簡単に説明すると、「現在こうした問題点があります。この問題がどんどん大きくなるとあなたにとって重大な事態になりかねません。しかしその問題の解決法がありますのでご安心ください。今ならその解決法をあなただけにご提供できます。さぁ、すぐにお電話ください」といった流れで購買に結びつける法則です。

　このパターンは話法としても有効です。

　PASONAの法則による話法は次の順序で構成します。

① **Problem**　問題の提起
② **Agitate**　問題の煽り立て
③ **SOlution**　解決策の提示
④ **Nallow Down**　絞り込み
⑤ **Action**　行動の喚起

例文としては以下のような話になります。

［問題の提起］管理職の皆さん、こんにちは。みなさんは健康に自信がある！と過信していませんか？

［問題の煽り立て］厚生労働省が3年ごとに実施している「患者調査」（○○年度調査）によると、脳血管疾患（脳出血や脳梗塞など）の総患者数は、136万5000人で、医療の進歩にもかかわらず3年前の調査から患者数が減っていません。

　さらに50代、60代の方の男性の高血圧や糖尿病、がんなど、他の生活習慣病はそれぞれ10％前後増えていると発表されています。

　もしも、健康に自信のあるあなたがこんな病に見舞われたらその後の人生はどうなるのでしょう。そして、ご家族の生活はどうなってしまうのでしょうか。

　考えただけでも恐ろしいことですね。

［解決策の提示］一方で、いくつになっても心身ともに健康で、元気に仕事をしたり、旅行に出かけて見聞を広めたり、趣味を極めて充実した人生を送っている方も増えています。これは素晴らしいことです。

　実は普段から朝晩たった2分の健康チェックを心がけるだけで、私たちも健康な生活を続けられる確率が高まるのです。

　それは朝晩の血圧測定です。

［絞り込み］体調の変化や食事、生活習慣の乱れは病気より先に血圧に現れます。そのため日々ご自分の血圧を測る習慣があると病気の早期発見につながりやすくなります。

　毎日毎日血圧を測る時間なんてないよ、と思われるかもしれませんが、こちらは（商品を見せる）手首で血圧を測ることができる最新式の測定器です。しかも測定時間はたったの2分で

す。

　ご希望の方には通常価格〇〇円のこの測定器を今日だけの割引価格※※※円でご提供できます。ただし、今日、この会場に持参しているのは30台限りです。

[**行動の喚起**] 毎日、朝と夜たった2分の血圧測定があなたご自身の健康とご家族の安心を守ります。ご興味のある方はこのあと私のところへお越しください。測定器の取り扱いの説明をさせていただきます。

具体的行動

　PASONA話法の構成を考えるためのキーワードを書き入れよう。

Problem　問題の提起	
Agitate　問題の煽り立て	
SOlution　解決策の提示	
Nallow Down　絞り込み	
Action　行動の喚起	

030 相手の同意を得やすくする訊き方

はじめに「イエス」と答えると、次に「ノー」と言いづらい

「あなたの町をもっと良くしたいと思いませんか？」

こう訊かれたら、普通は「はい！」と答えると思います。

実は人間は相手に対して何回か賛同（Yes）の態度を示すと、その後には反対意見（No）を唱えたり、反論をしづらくなる傾向があると言われます。

このように、意図的に相手の答えが「イエス」となる質問を織り込んだセールステクニックを「**イエス誘導話法**」といいます。

「あなたの住む町をもっと良くしたいと思いませんか？」と問われて「イエス」と答えると、続きは次のようになります。

「**町に子供たちが安心して遊べる公園を建設する署名活動に協力してくれませんか？**」

はじめに「イエス」という意思表示をしたら、こうした勧誘に対して毅然と「ノー」とは言いづらくなるのです。

なお、ここでのポイントは相手が同意するであろうポジティブな条件を提示することです。

> **具体的行動**
> 同意を得たい時は、自分だけでなく相手のメリットも考えるようにする。

031 相手との心理的距離を近づける法

相手の隣に席を移動すると、心理的距離が縮まる

　自分と相手との物理的距離について、アメリカの文化人類学者エドワード・ホールは、「**密接距離（0〜45cm）**」「**個体距離（45〜120cm）**」「**社会距離（120〜360cm）**」「**公衆距離（360cm以上）**」の4つに分類しました。

　人は空いている電車の座席では「社会距離」以上の空間を取ろうとします。車内が混雑してくると「密接距離」となり、ストレスが生じてきます。身体間の距離が心理状態に影響を与えるわけですが、この特性は良好な人間関係を築くことにも役立ちます。

　例えば、お客様との商談などでは「社会距離（120〜360cm）」になることが多いと思いますが、お互いに親近感が醸成できていないという場合、意図的に社会距離から相手の「個体距離（45〜120cm）」に入るようにしてみます。

　資料を見せながら隣の席に移動して、「ちょっとここを見てほしいのですが」と言いながら該当箇所を指差して説明をすると相手との距離感を縮めることができます。

> **具体的行動**
> 物理的距離感だけでなく心理的距離を縮める。

032　命令的な感じをやわらげる方法

命令調は質問調にすると、強制的な感じが消える

　新元号「令和」が発表されて、「令」の字が「命令」を意味すると一部海外で報道されたことが問題になりました。それほど、人は命令には抵抗感を抱くものです。

　例えば、「静かにして！」は命令です。これを「静かにしてもらえませんか？」にすると命令的な感じがやわらぎ、受け入れやすくなりませんか？

　これは「挿入命令」と呼ばれる話法です。実は挿入命令による話法は「命令」を含んでいます。「静かにしてほしい」と言っているのと同じなのですが、命令を質問型にして伝えているところが特徴です。

　ビジネスにおいて、気難しいお客様や交渉が困難な相手にはこの挿入命令の質問形が応用できます。「ご検討ください」ではなく、「来週までに前向きに採用のご検討をいただけますか？」

　このように、質問形のオブラートに要求や命令を含めるのです。すると相手は「命令された」という強制的な感じを抱かずに、「検討する」ということを受け入れやすくなります。

具体的行動
　人に指示を与える時は命令形ではなく質問形にする。

033 会議での提案を承認してもらう方法

現実的な話を繰り返すと、周囲はそれを信じ出す

　会議での提案が通らないで悩む人、よくいますよね。孤軍奮闘したり、仲間を募って共同提案したりしても少数派の意見は簡単には通らない。それが現実かもしれませんが、実は少数派の意見が多数派に影響を与える方法が2つあります。

　そのひとつが「**ホランダーの方略**」。これは、ヒット連発など集団の中で実績がある人の意見が尊重されるというものです。

　そして、もうひとつの方法が「**モスコビッチの方略**」。これは実績のない人が採る方法です。その方法とは、「自分の意見を何度も繰り返し言い続けること」。何度却下されても、「この企画は絶対にお客様に喜ばれるはずです！」と毎回繰り返すことで、周囲の人に「もしかしたら彼（彼女）の言っていることは正しいのかもしれない……」という気持ちが生まれます。

　これにより最初は少数派であった意見も徐々に影響力を持ちはじめ、最終的には多数派に大きな影響を与えることになります。この時大事なことは「現実味のある一貫性」です。それがはっきりしていることで、周囲の空気を覆すことができるのです。

　具体的行動
　自信のある提案は具体的な根拠を示して何度でも提案する。

034 聞き手に不快感を与えるポーズ

腕組みや後ろ手は、プレゼンや発表ではタブー

　話をする時に、やってはいけない姿勢を紹介します。それは次の4つです。

　1．フィグリーフ・ポジション

　手を前に組む「フィグリーフ・ポジション」はアダムとイヴがイチジクの葉で前を隠しているポーズです。特に欧米人に日本人のスピーカーが馬鹿にされるポーズだと言われています。

　2．ハンドカフ・ポジション

　後ろで手を組む「ハンドカフ・ポジション」(ハンドカフとは手錠)は犯罪者が後ろ手に手錠をかけられているポーズです。

　3．ゴリラ・ポーズ

　腕組みをすることもNG。閉鎖的で意固地な印象を与えます。

　4．ポケット・ポーズ

　ポケットに手を突っ込んだまま話すのも厳禁です。何か演出上の意図があってポケットに手を入れるのはいいですが、普通に話をする時にポケットに手を入れたままだと、横柄で尊大な印象を与えてしまいます。

　具体的行動
　自分の癖になっているタブーの動作を確認する。

035 わかりやすく伝わる話し方

わかりやすく伝えたいなら、中学生にわかる言葉を使う

「中学生にわかるように話しなさい」

これは私が講演を始める時に師匠からいただいた言葉です。

「日本人の大半は義務教育で中学校までは必ず勉強する。だから中学の授業で習う言葉や計算や理屈は多くの人がわかる。しかし、高校や大学で習うことや社会に出てから覚えた専門用語などはみんなが理解できると考えてはいけない。だから中学生にわかるように話しなさい」ということです。

特に頭が良い人や理論的な人、専門職の人、その業界に長くいる人ほど無意識に難しい言葉を使うようです。

「こちらの住宅ではシルバー層のセカンドライフのQOLを考慮したバリアフリーなデザインリノベーションを実現しました。」

「これからは地方でもインバウンドを意識したビジネスコンテンツサービスをプランニングする必要があります。」

こうした話もわかる人には意味はわかりますが、わからない人のほうが多いはずです。

「こちらはご夫婦が定年後に快適な第二の人生を過ごすために改修した住宅です。家の中の段差をなくしています。トイレやお風呂にも手すりを付けてあります。玄関の階段もスロープを設置しています。そのため、ご高齢になっても安心して暮らすことができます。」
　「海外から日本への旅行者が増えているので、地方でもその旅行者向けに物の販売やサービスの提供を考えましょう。」

　このように説明するとわかる人は増えます。

これが「中学生にわかるように話しなさい」ということです。
では、相手が理解できているかどうかはどうすればわかるのか？　それは聞き手を観察するしかありません。
最も簡単なサインはうなずいているかどうかです。
自分が話すたびに聞き手がうなずいている場合はあなたの話が伝わっている可能性が高いということです。
反対に、相手の視線があなた以外のところに向きがちなら、あなたの話が難しくて飽きている可能性が大です。聞き手の視線があなたから外れて左右に動くようなら話に注意が向いていません。
聞き手の表情をよく観察しながら中学生にわかるように話をしましょう。

具体的行動
　原稿作成の時、聞き手の理解度を考慮した言葉を使うようにする。

036 イメージの力でやる気を引き出す法

良いイメージを繰り返すと、そうした姿が現実だと思える

　私は講演会の直前には、講演後に参加者の方々が大いに喜んでくれている様子をイメージします。それをイメージすると気分が良くなり体中に力がみなぎります。
　これらは脳の次の部分で行われているそうです。
　① イメージする　→　大脳新皮質
　② 気分が良くなり　→　大脳辺縁系
　③ 体中に力がみなぎる　→　脳幹

　人間は①の大脳新皮質を発達させてきました。大脳新皮質は思考、判断する脳ですが、もう１つ重要な働きがあります。それは「イメージする力」です。
　想像する、思い描く、夢想するというのは、大脳新皮質が正常に機能しているからです。
　この大脳新皮質→大脳辺縁系→脳幹という流れは大切です。
　自律神経の乱れている人は感情がうまくコントロールできず体調不良になりがちですが、それは無意識に先々の不安やリスク、あるいは過去の不快な体験を頭に繰り返し思い描いているからです。つまりイメージしているのです。そのイメージが大脳辺縁系

と脳幹にそのまま影響を与えるのです。

人前で話す時に緊張しがちな人はえてして、

「またアガったらどうしよう……」

「話すことを忘れてしまわないだろうか……」

「声が震えないだろうか……」

ということを大脳新皮質を使って考えています。

その瞬間に大脳新皮質ではイメージを描いています。

つまり、あなたがアガって、話すことを忘れ、声が震えている様子があなたの頭の中に描かれているのです。

それが大脳辺縁系に影響し、脳幹に伝わってオドオドすることになります。人は考えたとおりの方向へ向かうということです。

最初は良いイメージを描くことが難しいかもしれませんが、それは脳のシナプスの構造がまだ変わっていないだけです。シナプスは繰り返すことで回路が形成されます。毎日、車の運転を繰り返すうちに運転が簡単になるのと同じです。

まず、今日から人前で話をする時には良い結果のイメージを持つと「意志」の力で決めてください。大脳新皮質が司る思考を管理できるのは意志の力だけなのです。

良いイメージを持つという習慣を常に繰り返していると人前に出た時に良い緊張感の中でリラックスでき、良いパフォーマンスを発揮できるようになります。

具体的行動
話の場面では良い結果をイメージすることを習慣にする。

037 自分の持ち時間で注意すること

持ち時間以上に話をすると、聞き手はストレスを感じる

　人前で話す時にはどんなことがあっても時間を厳守しましょう。

　まず、話をする前に自分の持ち時間と終了時間を確認します。

　もし何人かで話をする場合、あなたの前に話す人の時間が伸びたり、早めに終わることもあります。

　そんな時には自分の終了時間も遅くしてよいのか、あるいは早めるのかを確認します。

　たとえあなたの話がどんなに聞き手にウケていても、あなたの終了の時間は厳守しましょう。

　私は今までに何度か複数のスピーカーが登壇する場で話をしたことがありますが、平気で自分の終了時間を超えて話し続けている方もいらっしゃいました。

　参加者の方、主催者の方、司会進行の方、あなたの次に話す方、設営撤収担当の方のすべての人たちにそれぞれの予定があるのです。必ず自分の持ち時間は確認してその時間で終了するようにしましょう。

　ただし、私の場合、自分ひとりの登壇であり、会場の使用時間にも余裕があり、参加者の方の帰路の交通機関にも問題がない場

合にサービストークとして意図的に5〜10分程度時間を延長することもあります。

しかし、時間を気にするあまりちらちらと何度も腕時計を見るのはあまり印象がよくありません。そのため私は、会議では掛け時計の位置を必ずチェックするようにしています。

ただ、その掛け時計の時間が正確ではないこともあります。そこで私は、大勢の人の前で話す時には小さな置き時計を持参して演台に置いています。卓上の置き時計ならレジメに視線を落とすフリをしながら時間をチェックすることができます。

講演家やスピーカーとして仕事を目指している方は腕時計、スマホ、会場の時計、そして卓上時計の4つで時間を確認することをお勧めします。

なぜ、それほどまでに時間にこだわるのか。みなさんにも経験があることでしょうが、**社内の訓話や会議などで必要以上に話が長い人がいるとウンザリしてくるものです**。せっかくためになる話でも、時間を延長して話されると話そのものに集中しないどころか、話し手に対してストレスが溜まり、ネガティブな感情が沸き起こることも珍しくありません。

だから、時間厳守なのです。逆に、**与えられた時間よりも短い時間で話すことで聞き手のストレスをやわらげることもあります**。特に会議などでは、ポイントがすっきり伝わる短い話し方だと好意的に受け止められたりします。

具体的行動
聞き手のストレス軽減のために、時間内もしくは時間短縮でポイントを絞った話の構成を考える。

038 話の最後の締めくくり方①

最後に総括すると、
話し手の印象がぐっと上がる

　ドイツの心理学者ヘルマン・エビングハウスによれば、「**人間は20分経つと42％のことを忘れ、1時間後には56％を忘れる**」ということです。
　この考え方に従うなら、プレゼンやセミナーなどで長めの話をした場合には、聞き手のために最後にもう一度要点をまとめてあげましょう。

　「以上、ここまでにコスト削減について1時間にわたってお話をしてきましたが、最後にもう一度要点をまとめておきましょう。
　コスト削減のポイントは3つありました。みなさん、覚えていますか？
　1つめは・・・ということ。
　2つめは・・・でしたね。
　3つめは・・・を行う、ということです。」

　というように大切な点を最後にもう一度説明するのです。
　こうすると受け手の記憶に残りやすくなります。

この本も本文の後に読者の方の行動を促すヒントを記していますが、これも大切なことをあなたの記憶により深くとどめておいてほしいからです。

　学生の時に授業の最後にその日の授業の要点や大切なポイント、試験に出やすい個所を総括してくれる先生がいませんでしたか？

　そんな先生の授業の内容は記憶に残りやすかったはずです。

　そして、これは聞き手の記憶に残りやすくなるということだけではなく、総括してあげると「話しっぱなしではなく、要点をまとめてくれるとは丁寧な人だなあ」と聞き手は感じてくれるのであなたの印象も良くなるのです。

　交渉、プレゼン、会議でも話の内容はもちろん大切ですが、それだけでは画竜点睛を欠く状態なのかもしれません。

　最後にもう一度総括する。

　これだけで話の内容も記憶に定着しやすく、話し手の印象もぐっと良くなります。

> 具体的行動

　本章で紹介したEP話法、一理三例話法、PREP話法なども参考に、話の内容を強く印象づけられる締めくくり方をすることに意識を向けて話してみる。

039 話の最後の締めくくり方②

締めがマイナスの言葉だと、話全体の印象が悪くなる

　心理学には「**初頭効果**」と「**親近効果**」という理論があります。一番はじめの話題が印象に残るのが初頭効果であり、最後の話題が印象に残るのが親近効果です。**簡単に言うと、最初と最後が人の印象に残りやすいということです。**

　そのため、あなたが人前で話す時には出だしの第一声や身だしなみの大切さとともに、エンディングもとても重要だということになります。

　披露宴でも会議でもプレゼンでも講演でも、締めの言葉の注意点は次です。

「マイナスの言葉を使うな！　プラスの言葉で締めろ！」

　披露宴でスピーチの締めの言葉として、
「ただし、幸せすぎるとバチも当たりますので、ほどほどに仲良くすることが肝要です」とか、
　会議で
「以上、実際にはこのようにすべて上手くいくとは保証できませんが、精一杯やらせていただきます」とか、

第2章　出世力が上がる話し方

　講演で
「長々と私の話を聞いていただきありがとうございました」
などとマイナス表現の入った締めはタブーです。
　どんなに良い話をしていても、エンディングを否定的な言葉で締めては「親近効果」の影響で話全体の印象が悪くなります。
　締めの言葉は多少オーバー気味でもよいので肯定的な表現を使います。

「世界中で一番幸せになってください。」
「大船に乗ったつもりで万事お任せください。」
「みなさんの夢が実現することを心から願っています。」
　このように、絶対的なプラス表現で締めることを心がけましょう。
　また、**締めの言葉はトーンを上げて一段階大きな声ではっきりと口にすると、より一層印象が良くなります。**

具体的行動
　スピーチなどの時には「マイナス言葉はタブー」だと意識して、原稿をつくる。

040 話術の達人をまねる法

落語家などの話術は、伝え方や構成の参考になる

　私は普段から、柳家小三治、三遊亭円生、柳家小さん、春風亭柳昇、立川談志、立川志の輔、桂三枝、横山やすし・きよし、綾小路きみまろのDVDやCDを見たり聞いたりしています。車の運転中にもよく聞きます。

　話し方のスキルを上げたいのであれば、「話すこと」で聞き手を魅了しているプロの話術から学ぶことをお勧めします。

　この本でも紹介したイントネーションや間、声の高低、緩急とともにストーリーや話の展開なども学ぶことができます。動画であれば身振り手振りなどの動作や表情についてもたくさんのことを学ぶことができます。

　特にこれから講演家やセミナー講師等の人前で話すことを仕事につなげていきたいと考えている方なら、30分〜1時間という長さで話を構成している桂三枝さんや立川志の輔さんの新作落語は必聴です。日常的な出来事を面白く語る技術、示唆に富んだ話の構成、聞き手を引き込む巧みな話術、学ぶべきことが多いです。

　　具体的行動
　落語家や漫才師、講演家などの動画などから技術を習得する。

雑談力・会話力が上がる話し方

041 会話上手になる基本

話し上手の第一歩は、
相手の話をよく聞き認める

　ある有名な上場企業の経営者の方とお話をした時のことです。

　せっかくの機会ですから私はいろいろと教えていただこうと思い、聞き役に回ろうとしていたのですが、途中から私が自分の話をしていることに気がつきました。

　聞き役になろうとしていた私がいつの間にか話す側に回っていたのです。

　その時に私は次のことに気がつきました。

　「コミュニケーション能力の高い人は聞き上手である」

　あなたの周りにも1人や2人はいつも一方的に自分のことだけを話して、あなたが口を挟む間を与えないような弾丸トークを連発する人がいないでしょうか？　そしてあなたはその人のことを話が上手だと感じているでしょうか？

　おそらく、そうは思っていないはずです。

　実は、話し上手な人というのは野球の豪速球投手のように一方的に自ら話をガンガンと力づくで投げ続けるだけの人ではなく、まさに制球を考えながら相手と上手に会話のキャッチボールができる人なのです。

　つまり、**話し上手、会話の達人になる基本は聞き上手になるこ**

とです。聞き上手の第一歩は相手をそのまま、ありのまま認めることです。

相手の言うことをそのまま受け取る。相手の思考、感情、存在を認める。正しいか誤まっているか、客観的かどうか、優劣ではなく、相手がそのように話している、感じている、思っているという事実を中立な心で受け入れる、ということです。

これができないと相手はあなたを信用して本音で話してくれることはありません。そうなると相手はあなたの話も聞こうとはしません。このような信頼関係がない状態ではあなたがどんなにテクニックを駆使しても会話は続きませんし、あなたが話し上手と認められることはありません。

しかし、相手の話をそのまま認めるということは口で言うほど簡単ではありません。最も簡単なスキルをお教えしましょう。

それは、相手の話していることに対して反論したくなったりアドバイスをしたくなったら、あなたは相手をそのまま認めていないと気がつき、反省する習慣づけです。これだけでOKです。

会話のスタートは相手に安心して話をしてもらうことです。

そのためにはあなたは話し上手になる前に、聞き上手になる必要があります。

まずはあなたがどう思おうと相手の人はそう思っているという事実を単に中立な心で受け入れることがコミュニケーションの大原則になります。

具体的行動
まずは相手の話を肯定的に受け止める習慣づけをする。

042　聞き手にうなずいてもらう法

うなずきや相槌ができないと、本音の話が聞き出せない

　コミュニケーションが下手な人は相手に共感する感度が衰えているので、うなずきや相槌が少なくなります。

　私は主催する話し方のセミナーで参加者に2人1組のペアになってもらい会話の練習をします。

　ペアは話し手と聞き手に分かれます。話し手には最近あった楽しかった出来事を話してもらいます。

　聞き手役にはまったくうなずかず、相槌を打たないようにお願いします。

　すると、話し手は楽しかったことを話しているので最初は声も弾んでいますが、話しはじめて20秒も経つと心配そうな、居心地の悪そうな表情になります。身体もそわそわしてきます。そして声のトーンが落ちていき、次第に言葉数が減っていきます。

　その状態で楽しかったことを1分間話し続けることができる人は少数です。

　大半の人は途中で話をやめます。

　一度あなたも友人やご家族にお願いして自分が話している時にうなずかない、相槌を打たないで1分間話を聞いてもらってください。きっと話し続けることができなくなります。

話し手は「この人は私の話を聞いていない」と判断すると話すことが嫌になります。その状態では本音を話すことはありません。

だから、うなずかない、相槌を打たない人は本音や本心を聞くことができなくなります。これが営業マンであれば完全に失格です。

相手の本音や本心を聞くことができなければニーズに合った提案をすることはできないからです。

聞き手がうなずかない、相槌がないというのは壁に向かって話しているのと同じ。聞いてくれる相手がいないのに話を続けることができる人はいません。

もし、あなたが会話上手になりたいのであれば、まずあなたが先に相手の話をよく聞いてちゃんとうなずき、相槌を行うことです。

具体的行動

相手の話をよく聞き、適度にうなずきや相槌を打つ習慣づけをする。

043 聞き手から承認を得る方法

相手の言葉を反復すると、その相手は気分が良くなる

　うなずき、相槌とともに大切な会話のスキルは「**バックトラッキング**」です。バックトラッキングとはオウム返しのことです。
　次のように相手の話した言葉を時折反復して口に出してください。

「今日はどちらから？」
「今日は新潟から来ました。」
「新潟からですね。」

「休日は何をしているのですか？」
「テレビでスポーツ観戦をすることが多いです。」
「スポーツ観戦ですか？」

　このバックトラッキングや後述するミラーリングについて、「コミュニケーションにおいては効果がない」という記述や発言を見かけますが、それはバックトラッキングやミラーリングに効果がないのではなく、使い方が合っていないだけです。
　上記の例で言えば「新潟からですね」「スポーツ観戦ですか？」

とあなたがバックトラッキングした時に相手は必ず首を縦に振っているはずです。あるいは「はい」と答えます。

これはコミュニケーションの基本である「相手からYesを取る」スキルでもあります。「相手からYesを取る」には相手の言うことを認める、つまり相手側からすれば承認を得たとなり、承認を得られると人は気分が良くなるものです。

逆に、あなたが何か話した後に相手から「いや、それは違う（＝No）」「そうかもしれないけど……（＝No）」と言われてムッとしたことがないですか？　人は反論や否定されると反射的に嫌な気分になります。

だからこそ、会話の序盤では相手からNoではなく、Yesを何度か取ることができるとその後のコミュニケーションがスムーズに進みます。バックトラッキングは相手から自然にYesを引き出すことができるのです。

ぜひ、あなたも日常の会話の中でバックトラッキングを使うようにしてください。

会話上手や雑談上手の人の話し方をよく観察してみてください。または、テレビのバラエティ番組でもいいですが、話がうまく運ぶ人ほど意識せずにバックトラッキングになっていることが多いものです。

　具体的行動
会話や雑談の時、意識的にバックトラッキングを使ってみる。

044 聞き手が心地よくなる小ワザ

会話の中で名前を呼ぶと、相手は好意的に話を聞く

　私は名刺交換をしたら、すぐに頭の中でその人の名前を繰り返します。
　そして会話の中で、
「佐藤さん、今日はお時間をいただきありがとうございます。」
「ところで佐藤さんは……」
「ここのところを教えてもらえますか？　佐藤さん」
というように相手の名前を会話の中に挿入します。
　複数の人と名刺交換をした場合には机の上に席順ごとに名刺を並べて置きます。そして相手の顔と名前を確認しながら会話をします。
　人が一番耳ざわり良く感じる言葉は、自分の名前だそうです。
　そのため、会話の中で相手の名前を呼ぶと相手は好意的に話を聞くようになります。これを心理学で「ネームコーリングテクニック」と言います。
　人間は無意識に自分の名前を好ましいものと感じていて自分の名前に含まれる文字が入っている物やブランドを、好む傾向があることが知られています。（出所：PRESIDENT Online2014年3月17日号）

また、こんな心理学の実験があります。道行く人に「小銭を貸してください」とお願いした時、どんな条件だと承諾されやすいかを調べる実験です。そこでわかったことは、見ず知らずの人であっても同じ苗字の実験者が「小銭を貸してください」とお願いすると承諾率が高かったということです。

　単に「苗字が同じ」という共通項があるだけでお金を貸してくれる割合が上がるわけです。それほど、自分の名前に愛着を持っている人が多いということです。

　たしかに自分の名前と同じ芸能人やスポーツ選手にはなんとなく親しみや好意を感じますし、漢字が違っていても同じ読みの地名や相手にも親近感を抱きます。

**　朝夕の同僚への出退勤時の挨拶や何かを依頼する時なども相手の名前を言って話しかけたりするとその人はあなたに対して好印象を抱くようになります。**

　もちろん、あまり頻繁に会話の中に名前を入れるのは不自然ですが、相手の名前を適宜会話に挟み込むことは意識しておくといいでしょう。

具体的行動
　雑談や会話の中で相手の名前を挟み込むようにする。

045 聞き手の話に合わせる技術

トーンと早さを合わせると、波長が合って好感が得られる

　私は初めて会った相手と話す時には「トーン」と「早さ」に注意します。どういうことかというと相手の方が高い声だと、私もいくぶん高めの声で話すようにします。相手が低い声だと、私も低いトーンで声を出します。

　そして、相手が早口でポンポンポン！と話す方であれば、私もいつもよりもテンポを早くして話をします。ゆっくりと話す人であれば、私もゆっくりと話すようにします。

　相手が高い声でポンポンと話しているのに、こちらがボソボソと話していたら違和感がありますよね。おそらく相手の人は、

　「なんだか、テンポの遅い人だな。しかも声が暗い……」と感じるかもしれません。

　周囲に気を配って相手が低くヒソヒソと小声で話している時に、こちらが大きな甲高い声で返事をするのも変です。相手は、

　「この人はあまり周りを気にしないタイプだな。無神経な人かもしれない」と思うかもしれません。

　声のトーンと早さも相手と同調させると、

　「なんだか、この人とはテンポと間が合う。話しやすい」と相手が感じるのです。

いわゆる、波長が合う仲になるのです。
　こちらの言いたいことを伝えるのは相手と波長が合ってからです。波長が合う前にこちらの言い分だけを会話に乗せても、相手の心には伝わりません。
　短時間で波長を合わせるための会話のテクニックは、トーンと早さをマネて同調させることです。

具体的行動
　相手の話し方に同調するようにして話す。

046 ミラーリングを使った同調効果

相手の動作に同調すると、相手から承認される

　会話上手になる心理学テクニックに「**ミラーリング**」があります。ミラーリングとは会話をしながら相手の姿勢や身振り、身体の動きを合わせる方法です。

　例えば、背筋が伸びているとか猫背とか、手が机の上にあるか膝の上にあるか、足を組んでいるかいないか、前かがみだとか後ろに反っているとか、椅子に浅く腰掛けているか深く腰掛けているか、手の動かし方、首の傾き、表情、呼吸など、姿勢や身振りなどは無意識的なものですが、そこを相手に合わせます。

　こういったことを行うと、相手はあなたに対して「なんとなくこの人とは合いそうだ」と感じます。

　注意点は相手に気づかれないように実行すること。最初のうちはぎこちなくなってしまいますが、このテクニックの良いところは、これから毎日、何万回も練習ができるということ。車の運転と同様に練習回数が増えれば自然にできるようになります。

　名医と呼ばれる医者はこのミラーリングがとても上手だと言われています。

　例えば患者が顔をゆがめて、
　「先生、お腹が痛いんです」

とお腹を押さえて前かがみになれば、医者も一緒に痛そうな表情で前かがみになって、
「お腹が痛いんですね」とミラーリングを行うと、患者は
「この先生は私の痛みをわかってくれる」と感じます。
もし、患者が顔をゆがめて、
「先生、お腹が痛いんです」とお腹を押さえて前かがみになっているのに、医者が横を向いてモニター画面を見ながら、
「検査結果からは異常は見当たりませんね。念のため薬を処方します」と淡々と答えたなら、
「冷たい……」と感じるはずです。
仲の良い夫婦や家族は癖やしぐさが似てきますが、これも一緒にいる時間を過ごす中で信頼関係が生まれて無意識に動作が似てくるからです。
会話の場では相手を観察して動作を合わせる意識を持ちましょう。

具体的行動
相手の動作に自分の動作を合わせて会話をしてみる。

047 リアクションを使った同調効果

共感の言葉を多く持つと、会話が楽しく弾む

　合いの手とリアクションが上手いと会話上手な人になることができます。例えば、相手が話している時に少し身を乗り出して、
「それから？」
「それでどうなったのですか？」
と話を促すと相手は乗ってきます。
さらに会話の途中で、
「なるほど！　なるほど！」
「確かにそうですね」
「スゴイですね！」
「へぇー！」
「ああ、なるほど」
「いいですねぇ」
「うん、うん！」
「え～！？」
「お～っ！」
「本当ですか！？」
「そうなのですか？」
「それからどうなったのですか？」

「驚きです！」
「同感です」
と合いの手を入れるとさらに相手は話しやすくなります。

この時に多少オーバー気味に驚いたり、目を見開いたり、上半身をのけぞらせたり、身振り手振りも交えると効果的です。

感心や感嘆を表す時は「は行」が多くなります。

「はぁ〜！！」「ひぃ〜！！」「ふぅわ〜！！」「へ〜っ！！」「ほぉ〜！！」

さらに、会話の達人はほめ言葉のバリエーションが多いのが特徴です。ほめ言葉に多い「さ行」を以下に例示します。

さ：「最高！」「参考になります」「さすがです」「冴えてますね」
し：「視野が広がります」「親切ですね」「信頼してます」
す：「素晴らしい」「素敵ですね」「すごいです！」
せ：「センスがありますね」「世界観が広がります」
そ：「その通り！」「そうですよね！」「それは知らなかった！」

話し上手、会話上手は才能ではありません。技術です。
技術は練習で上達します。上達は練習回数が肝心です。

あなたもぜひ日々の会話の中で「合いの手」と「リアクション」と「ほめ言葉」を使う回数を増やしましょう。こうして共感の言葉を多く持つと会話は自然に弾んできます。

具体的行動

相手に共感する話し方をして会話が続く練習をする。

048 コーチングを使った共感誘導法

3つの質問を使えば、どんな人とも雑談できる

　相手のことを何も知らない時の会話、困りますよね。でも、話を訊き出すための3つの質問のスキルを知っていれば、どんな人とも話をすることができます。それは次の3つです。
「**ほかには？**」
「**具体的には？**」
「**何のために？**」

　この3つはコーチングのスキルなのですが「ほかには？」という質問を「**チャンクラテラル**」と言います。会話の中でこの質問を行うと相手の思考を水平方向（ラテラル）に広げることができ、情報をどんどん引き出すことができます。
　「具体的には？」という質問は「**チャンクダウン**」と言います。これは相手の思考を掘り下げ、詳細や事実を聞き出したい時に使います。
　「何のために？」という質問は「**チャンクアップ**」です。相手の思考の抽象度合いを引き上げ、相手が自分でも気がついていない無意識の考えを引き出す時に使います。
　例えば、私がある業界の人と話をするとします。

(私)「せっかくの機会なので御社の業界の現状について少し教えていただけますか?」

(相手)「ウチの業界は……です。」

(私)「なるほど! ほかにはどんな特徴がありますか?」(チャンクラテラル)

(相手)「そうですね。最近では……ということも課題です。」

(私)「それは知らなかった! 具体的には?」(チャンクダウン)

(相手)「例えば……ということであったり、……です。」

(私)「へ〜っ、そうだったのですね。それは何のために行っているのですか?」(チャンクアップ)

(相手)「それは……を実現するためです。」

(私)「そういうことだったのですか。勉強になります。ほかにはどんなことがありますか?」(チャンクラテラル)

といったように私はその業界のことを何も知らなくても「ほかには?」「具体的には?」「何のために?」という3つの質問で、ほぼどんな人からでも情報を引き出すことができるのです。

その話を私が興味を持って傾聴するとさらに相手は興が乗ってきてどんどん話をしてくれます。すると私は短時間でその業界の現状や課題、展望といったことを理解することができ、次にその業界の人と会った時にはさらに深く話ができるようになります。

情報は自分が話している限り入ってきません。相手が話して自分が聴くから情報が新しく入ってくるのです。

具体的行動
3つの質問を意識して使ってみる。

049 聞き手の信頼感を得る技術

話を要約して確認すると、相手からの信頼感が得られる

　私が20代の頃に勤めていた広告会社には頭抜けて営業成績の良い先輩がいました。営業に同行させてもらったことがあるのですが、その先輩はクライアントとの打ち合わせの最中によく行っていたことがあります。

　それは、要約です。

　先輩はクライアントが説明をしていることを、タイミングよく

　「それは〇〇〇を※※するのが問題になっているので解決したいということでよろしいでしょうか？」

　「今お伺いした話は〇〇〇が※※であるということでしょうか？」

　というように相手の話を要約して確認をしていました。

　この要約によってクライアントの要望を正確に把握することができるのはもちろんのこと、話し手は、

　「この営業マンは私の言うことをちゃんと聞いてくれている」

　という意識も芽生えていたはずです。

　そして「この人は理解できている。仕事を任せても大丈夫である。安心である」という信頼にもつながったはずです。

　相手の話を真剣に聞かなければ要約することができませんか

ら、必然的に傾聴する姿勢ができてきて、表情も真剣になり、身体も前傾になり、メモも取ることになります。

　その聴く姿勢自体も先輩がクライアントから高く評価される一因だったと思います。

　私は今でも話が上手いビジネスパーソンと言えば、その先輩を真っ先に思い浮かべます。そして、仕事で人と会う時にはいつもその先輩の要約と話をする姿勢を思い出して話をすることを心がけています。

　英語の会話でよくあることですが、相手に対して何を言ったかを聞く時に"Beg your pardon?"を連発したりします。これを連発すると相手はウンザリしてきますので、こうした時は「あなたは今、こう言ったのですか？」と英語で問い返すと相手も素直に返事をしてくれるものです。

　具体的行動
　相手の言ったことを要約して確認することを習慣づけてみる。

050 とっさの時に話題を作る法

相手との共通項があると、
親しみを感じてもらえる

『木戸に立ちかけし衣食住』

これは営業経験のある人なら知っていますよね。

この言葉は営業先でお客様との会話の糸口になるキーワードを並べたものです。「木戸に立ちかけし衣食住」の

「き」は気候、天気のこと。

「ど」は道楽や趣味。

「に」はニュース。

「た」は旅、旅行の話。

「ち」は知人や友人。

「か」は家庭。

「け」は健康、身体、病気のこと。

「し」はもちろん仕事。

そして「衣食住」の話題。

初対面の相手やあまり話が弾まない人との会話のきっかけをつかむためにこれらのネタを順に話題にすると会話に困らないということですが、最近、私は初対面の人と会う時にはこのような話題を話しながら、相手との「共通項」を探すようにしています。

相手との会話の中で出身地でも、趣味でも、血液型でもよいの

ですが自分と相手との「共通項」を探すのです。そして、その共通項から話題を広げていくようにしています。すると不思議なことに相手も私に親しみを感じてくれることが多いのです。

アメリカの社会心理学者R・B・チャルディーニの本『影響力の武器　実践編』(誠信書房)にも**「顧客からよい反応を得るには、名前、信条、出身地、出身校など何であれ顧客と類似点のある販売担当者が売り込みをした方が効果的だ」**と書かれていますが、人は「共通項」のある人には親しみを感じるようです。

先述した道行く人に「小銭を貸してください」とお願いする心理学の実験では、見ず知らずの人であっても同じ苗字の人が「小銭を貸してください」とお願いすると承諾率が高まりました。単に「苗字が同じ」という共通項があるだけでお金を貸してくれる割合が上がるのは面白いですよね。

あなたにも「どうもこのお客さんとは話がイマイチ合わないな……」と感じる人がいるかもしれません。そんな時は相手との「共通項」を1つか2つ見つけるようにしてみましょう。

きっと、相手に親しみや好意がわき、相手もあなたに同様の気持ちを持つはずです。

具体的行動
会話の早い段階で相手との共通項を見つける。もしくは会話する相手と自分の共通項を事前に調べておく。

051 好感度を上げるほめる技術

見てほしいものをほめると、話がなごむ

　以前、住宅のトップセールスマンに会話の秘訣を教えてもらったことがあります。それは「玄関にあるものをほめる」ということでした。

　トップセールスマン氏によれば玄関にはその家の人が見てほしいものが置いてあることが多いのだそうです。だから飛び込み営業の場合には玄関にあるものをほめるところから会話を始めると話がなごむのだと教えてもらいました。

　私はこれは飛び込み営業に限らないと思います。例えば、相手先の居間や会議室にある絵や写真や表彰状などは格好のほめる対象や話題のネタになります。

　意識するしないにかかわらず、そこにはなにかしら自慢したい、見てほしい、話題として触れてほしいから飾ってあるものが多いのです。

　私はよく講演会場に飾ってある書や絵をほめます。

　するとその土地の有名な書家や画家、あるいはその地にゆかりのある方の作品である場合がとても多いのです。

　また、相手の所属する企業や団体に関してほめるのもよいでしょう。

「最近、御社の株価は好調ですね」
「新聞で読んだのですがこちらの業界は景気がよさそうですね」
一般家庭であれば、
「かわいいお子さんですね。おいくつですか？」と子どもやお孫さんをほめる。
企業であれば、
「御社の社員の皆さんは元気があってとても印象がいいですね」
「先日、近所のスーパーで新商品を見かけましたがかなり売れ行きがいいのではありませんか？」と、社員や新開発した商品をほめる。
1対1の場合には眼鏡や時計、スーツ、ネクタイ、靴、電子機器（パソコンタブレット、カメラ、スマホ他）、鞄、手帳、名刺入れ等、そして声や表情、髪型、ひげ、爪、指、手、肌もほめる対象となります。

ほめられて嫌に感じる人はいない。
これが人間心理です。

具体的行動
相手が触れてほしい話題や自慢したい話題を早く見つけるようにする。

052 話のきっかけをつくる技術

名刺に略歴を入れると、
相手が共通項を探してくれる

　私の名刺には会社名と住所と名前のほかにびっしりとプロフィールが書き込んであります。**出身地や干支、血液型、出身校、経歴、資格、趣味等です。これは相手から共通項を見つけてもらうためです。**初対面の方であっても、
「酒井さん、同じ年だ！」
「血液型が同じです。」
「出身校が同じです。」
「ウチの子どもが酒井さんと同じ大学に通っています。」
「出身が同じです。」
「干支が同じです。」
　などと相手の方から話のきっかけをもたらしてくれるので、その後の会話がとてもスムーズになります。
　店舗スタッフならネームプレートに出身地や出身校、誕生日、年齢、血液型、趣味等を書くというのも良い方法です。
　お客様がそのネームプレートを見て、
「あら、あなたも書道が趣味なの？　私もそうなのよ。」
「ボクもサッカーが好きなんです！」
　とお客様のほうから共通項を見つけて会話の糸口をもたらして

くれることが多くなります。

　SNSを使っているのであればブログやフェイスブックにも詳細なプロフィールを書いておくと、初対面の相手であってもセミナーを開催したり、コンサルティングやコーチングなどを行う時にも会話が弾む可能性があります。

　ビジネスパーソンであれば営業ツールを使っている人なら会社案内等と一緒に自分のことを具体的に紹介したプロフィール・シートを作成してもいいでしょう。

具体的行動
　ミニ経歴や特技を記した名刺やミニカードを用意して話題のきっかけを作る。

053 雑談を続ける技術

触れてほしい話題があると、会話のキャッチボールになる

　「**コミュニケーション能力の高い人というのは、観察力の高い人である**」と教えていただいたことがあります。
　たしかに相手の話をちゃんと聞いて、相手のことを観察していると、相手が「触れてほしい話題」を口に出していることがわかる時があります。
　「週末は山登りに行ってきました。」
　「いいですね。健康に気を使っていらっしゃるんですね。実は私も休みの日は家の近所を走っているんですよ。」
　……これだと観察力ゼロです。
　相手が「山」というボールを投げてくれているのですから、
　「どちらの山に登られたのですか？」
　「よく山には登られるのですか？」
　と訊き返してキャッチボールを始めれば、会話が続くことになります。
　すると、実はお孫さんと登って楽しかったということがわかったとします。
　そうであれば、その方はお孫さんを何よりも可愛がっていることがわかります。

あるいは、学生の頃に山岳部で活躍していたことがわかることもあります。
　また、特定の山に思い入れがあって、すでに数百回とその山に登り続けていることがわかることがあります。
　それがわかれば、そこを話題にして会話を続けると、相手も喜んで話をしてくれます。
　私は相手をよく観察して、相手の口から出てきた「触れてほしい話題」に触れて、もともと野球選手だった方、登山が趣味で学生の頃は海外遠征チームに所属していた方、学生の頃に短距離ランナーとして活躍されていた方、キャリアアップのために様々な企業に勤務してきた方、弓道部のキャプテンだった方、世界を放浪していた方の話を聞き出して、大いに盛り上がったことがあります。すべて初対面の方です。
　話の上手い人というのは、観察力の高い人でもあるのです。

　具体的行動
　相手の話をよく観察して、触れてほしい話題を見つけることを習慣づける。

054 相手が自分から話し出す技術

苦労話を訊き出すと、成功者ほど多くを語る

　「人生山あり谷あり」と言われますが、本当に人それぞれに様々な人生のストーリーがあります。特にご自分で商売をされている方や経営者の方は日々順風満帆とはいかず、本当に生きるか死ぬかといった局面に何度も遭遇していることが多いようです。

　そのため、私はご商売をされている方や経営者の方には次のような話をして会話の糸口をつかみ、話を聞きます。

　「これまでご苦労されたことも多かったと思いますが、そのような時をどのようにして乗り越えてこられたのかお教えいただけませんか？」

　「後学のために教えていただきたいのですが、ピンチの時にはどのような心構えが必要なのでしょうか？」

　「こちらの商品の開発はさぞたいへんだったことと思いますが、開発のきっかけやいきさつをお教えいただけませんでしょうか？」

　「ここまで会社を立派にするには、その道のりは平たんではなかったと思いますが、社長様はいままでどのようなご苦労をされてこられたのかお聞かせいただけませんか？」

　このように話のきっかけを出すと、これまでの辛かった経験や

困難に直面した時の話を聞かせていただけることが多くあります。

これは成功者ほど苦労をバネに苦境を乗り越える力があるからだと思いますが、その時の場面や心境を教訓的にお話ししてくれることが多かったりします。「苦労があるから今がある」そう思えるようなありがたい話が多いように感じます。

こうしたお話を伺う時、前述したうなずき、相槌、バックトラッキング、ネームコーリング、波長同調、ミラーリング、合いの手とリアクション、3つの質問等を交えて傾聴すると本当にためになるお話を引き出すことができます。

また、経営に一所懸命な社長は勉強熱心な方が多いので、

「座右の銘や座右の書をお教えください！」

「お奨めのビジネス教材や書籍などをお教えいただけませんか？」

とお訊きすると、やはり懇切丁寧に教えてくださることがよくあります。

具体的行動

経営者など成功者との会話では相手から教えを請うような質問を心がける。

055 オープン・クエスチョンを使った雑談の技術

オープンな質問だと、多くの情報を引き出せる

　次の2つの質問には会話上手のヒントがあるのですが、その違いがわかりますか？
「今日は朝ごはんを食べましたか？」
「今日の朝ごはんは何を食べましたか？」

　前者は「ハイ」「イイエ」で答えられる質問です。これを「**クローズド・クエスチョン**」と言います。
　後者は「ハイ」「イイエ」ではなく、相手が自由に答えることのできる質問です。こちらを「**オープン・クエスチョン**」と言います。
　クローズド・クエスチョンは、相手の考えや事実、立場を明確にしたい場面に有効です。「これでいい？」「楽しかったの？」「参加しますか？」といった質問です。
　それに対してオープン・クエスチョンは、相手から多くの情報を引き出したい場面で有効とされる質問です。「どうして？」「どんな感じですか？」「あなたはどうお考えですか？」といった質問です。
「犬はお好きですか？」はクローズド・クエスチョンですが、

「犬のどんなところがお好きですか？」はオープン・クエスチョンになります。

「このお店にはよく来られるのですか？」はクローズド・クエスチョンで、「このお店にはよく来られるのですか？　お勧めがあれば教えていただけますか？」はクローズド・クエスチョンとオープン・クエスチョンの組み合わせになります。

会話に苦手意識のある方は話の中でクローズド・クエスチョンをしていることが多いようです。「今日は寒いですね」では「はい」で会話が終わり、その後が続きません。

クローズド・クエスチョンとオープン・クエスチョンの両方をうまく組み合わせて使えるようになると会話上手になっていきます。

具体的行動

まずはオープン・クエスチョン中心で雑談し、質問の仕方を練習してみる。

056 好印象をもたれる技術

楽しい話をしてくれる人ほど、好かれるようになる

　モーターショーの会場で新車の横に立つ美女、CMで栄養ドリンクを手に力こぶをみせるアクションスター……よく目にしますよね。しかし実際には彼女がその自動車を開発したわけでもないし、アクションスターはそのドリンクを飲んだおかげで筋肉隆々になったわけではありません。

　でも、人は車と女性の美しさを関連づけ、栄養ドリンクとアクションスターのたくましさを無意識に結びつけてしまいます。これを心理学で「**連合の原理**」と言います。

　連合の原理は視覚だけではなく、話し方や話す内容と話し手をも結び付けます。

　例えば、いつも

「困っちゃったよ……」

「あ～あ、まいったなあ……」

「ダメだなあ……」

と言いながら会話に入る人がいます。

　こういう会話が度重なると、その人に対して「いつも困っている人」という印象が結びつきます。その人は単に口癖で「困っちゃてさ」と言っているだけかもしれませんが、連合の原理が働

き、印象としてはその人は良いイメージとは結びつかなくなります。

こういう言葉が口癖の人に仕事を頼む人はいないはずです。

また、いつも身体の不調や愚痴を口にする人がいます。

「腰が痛くて……」

「どうも身体の調子が悪くて嫌になっちゃうよ……」

などと言う人も「いつも体調の悪い人」「愚痴っぽい」という印象が強化されます。こういった人にも人は近寄らなくなります。

基本的には人は「楽しい話」を明るく話してくれる人を好きになります。

だから、会話や文字も

「今日はいい話があるんだよ！」

「むっちゃ面白いことがあってさ！」

といった話をする人に好意的な印象を持つようになります。

具体的行動

人前で話す言葉はプラス、前向き、肯定、明るい言葉を中心にする（愚痴やマイナス言葉は1人でいる時に）。

057 聞き手がにこやかになる法

笑顔で温かさを伝えると、聞き手も温かい気持ちになる

　人間の脳にはミラーニューロンと呼ばれる細胞があります。
　これはマネをする細胞です。お母さんの表情を赤ちゃんのミラーニューロンがマネをします。家族の話し方を子どものミラーニューロンがマネをします。上司の態度を部下のミラーニューロンがマネをします。
　あなたが人と話す時に不機嫌な態度で仏頂面(ぶっちょうづら)であれば、それは聞き手のミラーニューロンに影響を与え、相手も不機嫌な態度で仏頂面になります。
　「話し手の態度は、聞き手に伝染する」は世界的なベストセラー『人を動かす』の著者デール・カーネギーの言葉です。
　話し手が嫌な顔をすれば、聞き手も話し手を嫌だと思います。話し手がおどおどしていると、聞き手も不安になります。話し手が傲慢なら、聞き手も同じ態度になります。
　あなたが笑顔で温かさや熱意を持っていれば、聞き手もにこやかになり、温かい気持ちになり、情熱が芽生えます。
　あるトップセールスの方はお客様を訪問する際にはこうつぶやくそうです。
　「私はお客様が好きだ。お客様も私のことを好きになる。だか

ら今日の契約も絶対に上手くいく。」

　私も講演前には自分でつぶやきます。

　「私はお客様が好きだ。お客様も私のことを好きになる。だから今日の講演会も絶対に上手くいく。」

　すると、自然と自信を持って笑顔で話をすることができ、相手の方もにこやかに聞いてくださることが多くなります。

　相手はあなたの鏡です。

具体的行動

　会話の始まりから、自分から笑顔とポジティブな態度を心がけ、相手の話を穏やかに聞くようにする。

058 聞き手に合わせた話し方

視覚・聴覚・身体感覚別に伝え方に違いがある

　人のタイプは大きく３つに分かれます。それは「視覚優位タイプ」「聴覚優位タイプ」「身体感覚優位タイプ」の３つです。

① 視覚優位タイプの人の特徴

　目から情報を収集し、映像を思い浮かべながら話します。映像は情報量が多いので早口で話があちこちに飛びやすい傾向があります。このタイプは身振り手振りが大きく、視線は上を見ることが多くなります。

　話し言葉では「見える」「イメージできる」「キラキラする」といった表現を使います。

　視覚優位の人には早いテンポで話す、映像・写真・図・グラフを使う・見せる、きれいな場所で説明する、外見を整えるといったことに気をつけると、あなたの話がより伝わりやすくなります。

② 聴覚優位タイプの人の特徴

　音や言葉を大切にし、理論立てて話します。話すスピードは普通。身体がリズミカルに動きます。音に敏感で雑音があると集中できません。自問自答や独り言も多いです。またうんちくを語る

のが好きです。聞いて学習することが得意です。

話し言葉では「聞こえる」「テンポが合う」といった表現を使います。

聴覚優位の人には理論的に話す、資料・数字・データを使う、雑音のない静かな場所で説明するといったことに気をつけると、あなたの話がより伝わりやすくなります。

③ 身体感覚優位タイプの人の特徴

身体を通した感じでものごとを捉えて話します。感情豊かで話し口調はゆっくりです。声のトーンは比較的低めで落ち着いている印象を与えます。居心地の良さが大事でラフな格好が好き。視線は下を向くことが多くなります。

話し言葉では「感じる」「腑に落ちる」といった表現を使います。

身体感覚優位の人にはゆっくり話す、体験してもらう、触れてもらう、感情的な言葉を使うといったことに気をつけると、あなたの話がより伝わりやすくなります。

具体的行動

相手のタイプを見極めて話し言葉を変えることを意識する。

059 マイフレンド・ジョン・テクニックによる伝え方

第三者が評価する話は、
その内容が信じられやすい

私は講演中にこんな話をすることがあります。
「ある経営者の方に『繁盛するお店は最後の印象がいいものだよ』と教えていただいたことがあります。確かにそうですね。レストランで食事をしてどんなにおいしかったとしても、会計やお見送りの時のスタッフの印象が悪いと楽しかった時間もすべて台無しになりますものね。反対にお店を出る時にちょっとしたおみやげをいただいたり、姿が見えなくなるまで手を振ってもらえると食事のおいしさだけではなく、そのお店に対する印象がぐっと良くなります。最後の最後まで心を込めることがそのお店の印象を左右します。ぜひ、あなたもお会計の時、お客様をお見送りする時も丁寧な接客を心がけましょう。」

正直に言うと、この話はある経営者に教えていただいた話ではありません。
心理学の「親近効果（＝最後の印象が強く残る）」をもとに、接客に関わる人は最後まで手を抜かないようにしましょうと伝えたいための私の創作です。
でも、私が一方的に「接客に関わる人は最後まで手を抜かない

ようにしましょう。」と話すと、「そんなこと、わかっているよ。」と反発を受けてすんなりと受け入れられないのです。

このような話し方をすると、聞き手に抵抗感が出ます。その抵抗感をするりとすり抜けてメッセージを届けるためにあえて、「ある経営者の方に教えていただいたのですが……」と伝えています。

これを心理学では「**マイフレンド・ジョン・テクニック**」と言います。

「私の友人のジョンがこんなことを言っていたのだけれど……」という話し方の技術です。

お客様に自社商品の長所を説明する時にも、

「このシステムの最大の長所はコストパフォーマンスの高さです。」と伝えるよりも、

「**こちらの資料をご覧ください。すでに導入されている企業様からもコストパフォーマンスが良いという高い評価をいただいています。**」と話したほうが抵抗感なく相手の耳に入ります。

[具体的行動]
第三者が評価する事実を使って、相手を説得する練習をしてみる。

060 説得力が高まる話し方

理由をつけて話すと、説得効果が高まる

　ハーバード大学の心理学者エレン・ランガーが興味深い実験を行いました。被験者がコピー機の順番待ちの列の先頭の人に次の3通りの言い方で割り込みをさせてもらう実験です。

① 要求のみを伝える
「すみません、5枚なのですが先にコピーをとらせてもらえませんか？」
② 本当の理由を付け足す
「すみません、5枚なのですが急いでいるので先にコピーをとらせてもらえませんか？」
③ もっともらしい理由を付け足す
「すみません、5枚なのですがコピーをとらなければいけないので先にコピーをとらせてもらえませんか？」

　実験から①の場合の承諾率は60%、②の場合の承諾率は94%、③の場合の承諾率は93%となりました。
　このことから話す時には伝えたいことを話すだけではなく「理由」を付けたほうが説得効果が高い、ということがわかります。

先述したPREP話法やPASONA話法でも話の説得力を高めるには「理由」がポイントであることを説明しましたが、ランガーの実験では「理由」の内容は合理的でなくてもかまわないとされています。要するに、まずは「理由」があることが大事だということです。

ということは、話をする時は次のような話し方をしたほうが受け入れられやすいということになります。

×「この考え方をあなたも取り入れるべきです」

○「この考え方をあなたも取り入れるべきです。その理由は※※だからです」

セールスの場合も同じです。

×「A案をお勧めします」

○「A案をお勧めします。その理由は※※だからです」

特に、**提案やプレゼンなどのビジネスの場面だけでなく、普段の会話の中で相手に同意を求める時など「理由」をつけることで説得力が大きく変わります。**

具体的行動

相手を説得するには「理由」を添えて話をする。

061 親近感を生み出す話し方

ご当地ネタを盛り込むと、一瞬で親近感が得られる

　衆議院議員・小泉進次郎氏の大分県湯布院での演説の一節です。湯布院といえば、温泉の湯けむりで有名ですね。
「湯布院とかけて、なんと解く?」
「はい、整いました。湯布院とかけて自民党と解く」
「そのこころは?」
「どちらも先が見えない」
　上手いですねえ。湯布院の方は大喜びです。
　少し高度なスキルですが、話の冒頭にその土地や参加者に関するネタ、いわゆるご当地ネタを盛り込むと一瞬で聞き手を惹きつけることができます。
　私自身の経験も1つ。以前、青森県のある町で講演をした時のことです。
　あらかじめ地元の友人からその町は日本代表のミッドフィルダーを務めるサッカー選手の出身地だと教えてもらっていたので講演の冒頭でそのことに触れたのですが、その瞬間に会場内から「お〜!」という歓声が上がりました。
　やはり、どの地域に住む人も自分の町に愛着がありますので、その土地に関することに言及すると喜んでもらうことができま

す。
　私は各地で講演をする時の地元ネタ調査にはウィキペディアを利用します。
　特にその地の人口、名物や郷土料理、名所旧跡、観光スポット、そしてその地出身の有名人を調べます。
　そこで調べたことを人前で話す時に限らず、打ち合わせや仕事の話の中でも、
　「こちらは○○料理が有名ですよね」
　「○○のお城が有名ですよね」
　「ドラマで人気の○○さんはこちらのご出身ですよね」
　「地元の○○高校は今年の甲子園ではベスト8まで進みましたね」
　といった**ご当地ネタを口にすることによって親近感や一体感を築き、親しみをもってもらうことができます。**
　ウィキペディアは移動中にスマホからでもすぐに調べることができるのでとても重宝しています。

　具体的行動
　雑談や会話の相手について、話に使えるネタをネット検索で調べておく。

062 雑談上手になる技術

会話の主導権を譲ると、相手の満足度が向上する

　会話上手の第一歩、それは聞き上手になることだと先述しました。特に雑談などでは自分の話は抑えめにして相手がすっきりするまで話をさせてあげることがポイントです。

　その観点からすると、主語を「私」にして自分のことばかりを相手に伝えていたら、相手はあなたが退屈で自己中心的な人物だと感じます。

　ビジネスでも、お客様を前にして「自分の会社のこと」ばかりを話し自画自賛している人、何となくうんざりします。

　だから、**相手への配慮を感じ取ってもらうなら、主語は「御社は」**にします。「御社の商品は……」と問いかけて、相手が自画自賛するほどに話を聞き出すことができれば、セールストークは大成功です。

　雑談でも主役の座は相手に譲ります。「あなたはどう考えているの？」と切り出して、相手が満足するまで話をさせるのが会話上手の成功セオリーです。

具体的行動
　会話の主導権は相手に譲る。

063 初対面で好印象を与える法

良い面から自己紹介すると、好意的な印象が醸せる

　好印象のためには第一印象が大事です。それを証明するのが「**アッシュの印象形成実験**」です。ポーランドの心理学者ソロモン・アッシュが1946年に行った実験です。
　その実験では、ある架空の人物に対する印象を次の2つのリストを示して被験者に答えてもらう方法を取りました。
　①「知的な、器用な、勤勉な、暖かい、決断力のある、実際的な、注意深い」
　②「知的な、器用な、勤勉な、冷たい、決断力のある、実際的な、注意深い」
　この結果、①のほうが好印象との回答が多かったのでした。
　また、これとは別の2つのリストを示しました。
　①「知的な、勤勉な、衝動的な、批判的な、嫉妬深い」
　②「嫉妬深い、批判的な、衝動的な、勤勉な、知的な」
　この結果では、①のように最初に好ましい特性を提示すると相手に対する印象は好意的なものになり、②のように先に悪い特性を提示すると相手に対する印象は悪くなりました。

　具体的行動
　初対面の人にはポジティブ面を強調する。

064 ひと言添えて印象度を上げる法

あいさつにひと言添えると、印象よく受け止められる

　商談が終わった時、「それでは、良いお返事をお待ちしています」と言ったりします。ここにもうひと言付け加えて、「それでは、良いお返事をお待ちしています。期待していますので！」と伝えると相手の印象に深く残ります。

　このようにひと言添えるだけで相手への印象が強くなることを知り、私もできるだけ「基本あいさつ」に「もうひと言」を付け加えるようにしています。

　例えば、「初めまして、酒井とし夫です」と言う時も「初めまして、新潟の酒井とし夫です。今日はお会いするのを楽しみにして来ました」と、ひと言添えるようにしています。

　「今日はありがとうございます」と言う時も、

　「今日はありがとうございます。御社にお声がけをいただけるとは本当に光栄です」とするようにしています。

　このような**ちょっとしたひと言が初対面で会ってからわずか数分で相手に自分を印象づけ、信頼性や好感を生み出すカギとなります**。コミュニケーション力を磨くうえで参考にしてください。

具体的行動
　「あいさつ＋ひと言添える」を習慣にする。

065 嫌な人に見られるのを避ける法

人の噂話をすると、嫌な雰囲気になる

　ネガティブな噂話をする人は嫌な感じを受けますが、このことを証明した心理学実験があります。

　その実験とは米国の大学で行われたもので、ある人の印象について役者を使い、「彼は動物嫌いで、子犬を蹴飛ばすところを見たことがある。本当に嫌な奴だよ」という内容の噂話をする場面を撮ったVTRを被験者に見せて感想を訊くというものでした。

　被験者たちの感想で共通していたのは、噂話の話し手（役者）を嫌な人間だと感じたということでした。

　これは、誰かが第三者の噂話をした時、聞き手は無意識のうちに「話し手」を「第三者」に重ね合わせてしまうからです。このことを「**自発的特徴変換**」といいます。

　これは、例えばあなたが「あの人はいつもにこやかだけど、本当は冷たい人なんです。この間もこんなことがありましてね……」と口にすると、聞き手は無意識のうちにあなたを「いつもにこやかだけど、本当は冷たい人」と見るようになるということです。

　具体的行動
　コミュニケーションを円滑にするうえで「自発的特徴変換」を念頭におく。

第4章

印象度がアップする話し方

066 印象的に伝える話し方

話し方の抑揚を変えると、相手への伝わり方も変わる

　イントネーションは言葉を話す時の声の上がり下がり、抑揚のことです。
　次の文を読みながら相手に「ありがとう」と伝えてみてください。
（1）会社の同僚からのサプライズプレゼントに「ありがとう」
（2）身内を手術していただいた医師に対して「ありがとう」
（3）親戚からお年玉をたくさんもらった子どもが「ありがとう」
（4）事故にあいそうなところを助けてもらって「ありがとう」
（5）残業してもらった部下をねぎらって「ありがとう」
（6）子どもに肩を揉んでもらって「ありがとう」
（7）旅行先で人に道を教えてもらったお礼に「ありがとう」
（8）雪山で遭難したのを救急隊員に救助されて「ありがとう」
（9）恋人にやさしく「ありがとう」

では、次の文を読みながら相手に「買う」という言葉を伝えてみてみましょう。
（1）断固として購入を決めた！ということを相手に伝える「買う」
（2）本当に買うのかどうか相手に確かめるために「買う」

第4章　印象度がアップする話し方

(3) 偽ブランド品かもしれないバッグを前にして友人と相談する「買う」
(4) 思わぬ掘り出し物を見つけた時に店員に向かって「買う」

　続いて、次の文を読みながら相手に「大丈夫」という言葉を伝えてみてみましょう。
(1) 雪道で友人が思いっきり滑って転んだので驚いて「大丈夫」
(2) 元気な同僚が入院したので見舞いに行き心配して「大丈夫」
(3) 迷っている親友の背中を押すように「大丈夫」
(4) 時間にルーズな担当者に商品の納期を確認しながら「大丈夫」
(5) 大船に乗った気持ちでいてくださいと相手に伝える「大丈夫」
(6) 大勢の前でスピーチする自分に暗示をかけるように「大丈夫」

同じ「ありがとう」「買う」「大丈夫」という言葉でも相手との関係性、重要度、緊急性、内容によって表現が違ってくることがわかりましたか？

具体的行動
　話の中で特に伝えたい言葉には気持ちが伝わる抑揚をつける（これだけでも表現力が増す）。

067 言葉が明瞭に伝わる話し方

間をあけた話し方をすると、聴衆の視線がぐっと集まる

次の文章を読んでください。
あの1冊の本に出会っていなければ今の僕はありません。

次に//の部分で2秒の間をとって話してください。
あの1冊の本に//出会っていなければ今の僕はありません。
あの1冊の本に出会っていなければ//今の僕はありません。
あの1冊の本に出会っていなければ今の僕は//ありません。

次の文章を読んでください。
私はあなたが大好きです。

次に//の部分で2秒の間をとって話してください。
私は//あなたが大好きです。
私はあなたが//大好きです。
私はあなたが大好き//です。

間の位置、間の長さでも表現は大きく変わります。
原則的には重要な部分や強調したい部分、大切な言葉の前に間

を置きます。
　今日の説明で一番重要なのは//間をあけるということです。

　もっと強調したい場合には重要な言葉の前後に間を入れるのも効果的です。
　今日の説明で一番重要なのは//間をあける//ということです。

　通常の会話の中で間をあける時間は2秒が基本と言われていますが、案外、話し手が「ちょっと長すぎるかな」と思うくらいあけてしまうほうが効果的だと言えます。
　私も講演中は思いっきり…………間をあけることがあります。すると、参加者の皆さんの視線がぐっとこちらに集まります。
　人前で話す時に少し間が長いかな、と感じるくらいにすると聞き手は聞く意識を強くします。
　また、間を取ることでゆっくりとした話し方になり、言葉が明瞭に伝わるようになります。
　さらに、話し手は落ち着いて話せるようにもなります。

> **具体的行動**
　人前で話す時には伝えたい言葉の前に心の中で2秒数えて間を作る（話の名人ほど「間」を大切にする）。

068 プロミネンスを使った話し方①

際立たせたい語句は、強く発音すると印象に残る

　人前で話す時には相手にここは伝えたい、これは覚えてほしいという重要な言葉があります。その言葉をいかに相手の記憶に残すかが優れた話し手としての腕の見せ所の1つでもあります。
　「プロミネンス」は文章の中で重要な語句を際立たせるためのテクニックであり、以下に示すような行為によって話す内容が相手に伝わりやすくなります。

- **強く発音する**
- **声の高低を変える**
- **ゆっくり読む**
- **間を取る**

ここでは「強く発音する」プロミネンスについて説明します。次の文を声を出して読んでみてください。

私はこの会社が好きです。

なんの変哲もない文章ですが、あなたはどのような意味、感情、気持ちを込めて読みましたか？

この短い文章では、「私は」「この会社が」「好きです」のどれをも強調することができます。

<u>私は</u>この会社が好きです。
下線部を強く発音すると「ほかの人はどう考えているか知らないけれど、私は」というニュアンスが含まれます。

私は<u>この会社が</u>好きです。
この場合は、「ほかの会社ではなく、この会社が」好きであるという意味になります。

私はこの会社が<u>好きです。</u>
この場合には「決して嫌いではなく、とても好きである」という気持ちが込められます。

具体的行動
　強調したい用語やフレーズは、力強く発音する。

069 プロミネンスを使った話し方②

際立たせたい語句は、
トーンを上げると印象に残る

　ここでは「声の高低」についてのプロミネンスを説明します。
　伝えたいと思っている言葉を強調するために、音の高低を変える方法があります。一番わかりやすいのは「ジャパネットたかた」の高田明前社長のテレビショッピングのトークです。

「なんとこの高級掃除機が10万円を切るんです。（普通の声）
9〜万9千800えん！（高い声）」

「おー！　すごい！」
と思いますが、よく考えるとその差はわずか200円。
　でも、声のトーンを一段上げて説明されると安さが強調されて記憶されます。
　あの甲高い声は高田前社長がカメラ店を経営していた頃、集合写真を撮る時に短い時間でカメラに目線を向けてもらうために
「みなさ〜ん、こちらを向いてくださぁ〜い！」
と声をかけたことがきっかけになっているそうです。
　話す時の基本は強調したいフレーズや言葉を話す時には高田前社長のようにそこで声のトーンを上げます。しかも声のトーンが

第4章　印象度がアップする話し方

高いと「明るい」「元気」「楽しそう」というプラスの印象を聞き手に与えます。

では、高田前社長になりきって次の文を読んでみましょう。下線部分の文字のところでは高田前社長のようにトーンを上げてください。

- さぁ皆さん、期間限定、<u>しかも50個限りですよ。</u>今しかございません。
- 経営者に大事なのは<u>継続する力</u>です。
- できないと決めているのは誰かというと、<u>自分自身</u>なんです。
- <u>毎回</u>同じことをしていては、お客様に飽きられてしまう。<u>日々、工夫をして変わること</u>が重要。
- できることを考え続ければ、あとはほとんど<u>気力</u>で達成できる。
- どんな挑戦でも、やるなら<u>今すぐ</u>始めましょう。

ちなみにこれらはすべて高田前社長の名言です。元気が出ますよね。

<u>具体的行動</u>
強調したい用語やフレーズは、声のトーンを上げて発音する。

070 プロミネンスを使った話し方③

緩急をつけて話すと、内容が印象に残りやすい

　あなたは高速道路で一定のスピードで車を運転していて眠くなった経験がありますか？　あの眠気は変化がないから起こります。

　おそらくジェットコースターもまっすぐ走っているだけなら、猛スピードでもそのうちに眠くなるはずです。ゆっくりとゆっくりとゆっくりと坂を上がったかと思ったら、ピタっと止まり、次の瞬間には猛スピードで急降下……緩急があるからハラハラドキドキします。

　話し方も同じです。聞き手が眠るのは話し方に変化がないからです（内容がつまらない場合もありますが）。

　話し方で変化をつける方法の１つは、「緩急」をつけることです。

　具体的にはゆっくり話したり、普通のスピードで話したり、早めに話したりと話す速度を話しながら変えることです。**強調したい言葉やフレーズはゆっくりとしたスピードで話すのが基本になります。**

　では、アナウンサーになったつもりで次の文を読んでみてください。下線部分の文字は意識的にゆっくりと読んでください。

第4章　印象度がアップする話し方

- このイベントは<u>6月1日から7月31日まで</u>駅前の文化会館小ホールで開催されています。
- このイベントは6月1日から7月31日まで<u>駅前の文化会館小ホール</u>で開催されています。
- このイベントは6月1日から7月31日まで駅前の文化会館小ホールで開催されています。<u>参加費は無料</u>です。

何を強調したいのか、どこを伝えたいのかによって緩急をつける個所が変わってきます。

具体的行動
　強調したい用語やフレーズは、ゆっくりと話すようにする。

071 ジェスチャーを使う効用

対話で言葉が伝わるのは35%、65%は非言語

「なぜ無声映画かって？　英語がわからない外国人のためさ」
——チャールズ・チャップリン

　喜劇王と言われたチャップリンの映画は無声映画なので「セリフ」はありません。でも、観客は大笑いしたり、涙をこぼしたりと感動を伝えています。

　「伝える」ということをひと言も「話す」ことなく、実現しています。言語を使わずに多くのことを非言語で伝えている、ということです。

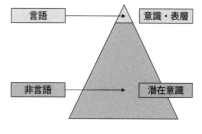

　言語は相手の表層意識に伝わります。しかし、非言語は相手の潜在意識に伝わります。そして、影響度合いとしては非言語のほうが大きいのです。

　もし、あなたがお店で買い物をした時に、店員があなたの顔を見ずに無表情（非言語）で「ありがとうございました（言語）」と言われたとします。伝わってくるメッセージは相手の非言語か

ら受け取るもののほうが大きいことを考えれば、このことはわかるはずです。

　あるいは、あなたが部下を叱った時に、その部下がそっぽを向いて、薄ら笑いを浮かべながら、「次は気をつけます」と言ったら、やはりあなたに伝わるのは非言語のほうが大きいはずです。

　アメリカの心理学者アルバート・メラビアンが提唱したことで有名な「**メラビアンの法則**」でも**言語情報の影響力は7％、聴覚情報の影響力が38％、視覚情報の影響力が55％**と言われますから、「何を話すか＝言語」よりも「声のトーン、大きさ、間」や「外見、表情、ジェスチャー」といったもののほうが影響力が大きいということになります。

　また、コミュニケーション学者レイ・L・バードウィステルの研究でも「**二者間の対話では言葉によって伝えられるメッセージは全体の35％にすぎず、残りの65％は話す動作や口調、身振り手振りなどの、間の取り方などの非言語コミュニケーションにより伝達される**」ということが報告されています。

　何を話すかも大事ですが、どう伝えるかにも大きな意識を向けることが話し方のレベルを上げるポイントです。

具体的行動

　話し方と同じように、声のトーンや身振り手振りなどの非言語の伝わり方を確認する。

072 ジェスチャーの自然な使い方

言葉と感情が一致すると、身振り手振りが自然に出る

　身振り手振りは非言語コミュニケーションではとても重要な要素です。言葉と感情とが一致すれば、身振り手振りが自然になります。

　例えば、次の例文を特に下線部を意識しながらジェスチャーを交えて相手がいると思って話してみてください。

- こんなに大きな魚が釣れたんです！
- ほんのちょっとしたミスで怒られました。
- みんな、団結していこう。
- その時に、パッと視界が開けたんです。
- もっと近くに寄ってください。
- えっ？？　何？？……そんなのダメダメ！　絶対にダメ
- こちらの商品をぜひあなたにお勧めしたい。
- 絶対に君には負けない！
- 私のことを信じてください。

　おそらく両手を広げて「こんなに大きな」、指で小さな隙間を作って「ほんのちょっとした」、手でこちらに招くように「もっ

と近くに」、相手を指さして「君には」、自分の胸に手を当てて「私のことを」というように自然に身振り手振りが出ているはずです。

次にこの例文を読んでその様子をスマホの動画で自撮りしてください。それを再生して自分のジェスチャーを確認します。

確認したら、そのジェスチャーは後ほど172ページで紹介する会場の一番後ろにいる3人のお婆さんの「松子さん」「竹子さん」「梅子さん」に見えるかどうか考えてください。

おそらく、「もう少し大きく広げたほうがいいな」とか、「指を顔の前まで上げたほうが後ろの人も見やすいかもしれない」などと感じると思います。そう思ったら、大きさや位置を修正します。

一般的に言うと、**30人以上の前で話す時は、「自分ではけっこう大きな動作をしている」と思っている、その1.5倍から2倍はさらに大きく身振り手振りで表現するとちょうどいいです。**

両手を動かす高さですが、カリスマ性や権威を高めたい場合は両手は胸より上の空間で動かします。世界的なカリスマスピーカーであるアンソニー・ロビンズはこの位置での手の動きが多いですね。

信頼性を高めたい場合には手は胸からお腹の高さの範囲で動かすようにします。オバマ前大統領の演説はこの位置でのジェスチャーが多くなっています。

具体的行動
言葉の意味を考えたり、情景をイメージしながらジェスチャーを使う。

073 自分に自信が湧く法

2分間パワーポーズをすると、話し方に自信が湧いてくる

　あなたは「自信のある話し手」と「自信のない話し手」のどちらの言うことを信じますか？

　おそらく多くの人は「自信のある話し手」の話を信じます。ということはあなたも人前で話す時には自信が必要です。しかし、人前で話すとなると委縮してしまい、自信なさげに見える人が多いのも事実です。

　身心一如（しんじんいちにょ）。

　肉体と心は不可分な関係にあります。

　ハーバード大学の社会心理学者エイミー・カディの調査研究によると、**ハイパワーポーズと呼ばれる姿勢をたった2分間取るだけで、体内分泌物のテストステロン**（自信を高め、やる気を刺激する男性ホルモン〔注：男性よりも少ないですが女性にもあります〕）**の増加が見られ、コルチゾール**（ストレスを受けた時に分泌が増えるホルモン）**の減少が見られることがわかりました。**

　ハイパワーポーズとは堂々とした姿勢や偉そうな体勢です。

　例えば、「スーパーマンのように両手を腰にあてて胸を張り両足を開けて力強く立つ」とか「えらい上司のように椅子に深く座って、ふんぞり返って、しかも両手を頭の後ろで組みながら、

両足を机の上に乗せる」とか「オリンピックで金メダルを取った瞬間のようにガッツポーズを決める」といったものです。

　こういった姿勢を2分間取ると「体内分泌物に影響を与えて自分に自信が湧く」ということです。

　この実験結果には異論や反対意見も多くあるのですが、私自身は300〜600人程度の講演会の前には必ずこのハイパワーポーズを取ってから登壇しますが、効果はあると実感しています。

　ちなみにテストステロンはアンチエイジング効果もあり、別名モテフェロモンとも呼ばれるように男性らしさに影響するホルモンです。自立性を高めたり、集団の中でのリーダーシップ力の強化にも関係する物質でもありますので、ご興味のある方はそのメカニズムを調べてみるのもいいでしょう。

　ところで自信は「言葉」ではありません。

　あなたの在り方、存在感、オーラです。

　これは非言語コミュニケーションになります。

　そして、それこそが無意識に相手に伝わります。

具体的行動
　話し方に自信がつくように、話の前に2分間のパワーポーズをしてみる。

074 視線恐怖症を回避する方法

視線を合わせて話すと、商談などでは説得力が増す

「相手の目を見て話す」というのはビジネスコミュニケーションの基本です。新入社員の研修などでは社内の人との日常的な挨拶は「相手の目を見てから会釈をする」、商談の場では「相手の目を見て話をする」などと教わったりしますが、これが職場に慣れてくると疎かになってくる人もいるようです。

さて、目をそらして話す人、視線を合わせない人は嘘をついているのではないかとか、自信がないとか、迫力がないといった印象になることは皆さんも経験があることと思います。

だからこそアイコンタクトは良い話し手になるには欠かせないことなのです。

でも、恥ずかしがり屋の人の中には相手の目を見るのが苦手な人もいます。あるいは目を合わせることを怖がる視線恐怖症の人もいます。

そんな時は次の方法を試してみてください。

① 会話中に相手の瞬きの回数を数える

話しながら、あるいは相手の話を聴きながら目の前にいる人の瞬きの回数を数えてみましょう。回数を数えることを目的にする

と目を合わせるというプレッシャーが低減します。

② 会話中に相手のまつ毛の本数を数える

話しながら、あるいは相手の話を聴きながら目の前にいる人のまつ毛の数を数えてみましょう。この方法も相手と目を合わせるというプレッシャーが低減します。

③ 会話中に相手の瞳に映る自分の姿を探す

よく観察すると会話している相手の瞳には自分の姿が映っています。この自分の姿を探してみてください。

実際にやってみるとわかりますが①より②のほうが相手のほうへ自分の身を乗り出すようになります。さらに③になると、もっと相手に近づいて相手の目を見ないと自分の姿を確認することができません。

ここで大事なことは、相手を見つめるのではなく、自然に相手と視線を交わせるようにすることです。

ここで紹介した目を見て話す練習は、あくまで自然な状態で相手を見るレベルになることを意識して行います。

具体的行動

対話相手と話をする時、「自然に」相手の目を見るように練習する。

075 講演での登壇・降壇の仕方

演題で話をする時は、観客から見て左から登場する

　右利きの人にとっては右方向が未来、新しさとイメージが結びついています。

　左方向が過去、古さとイメージが結びついています。

　世界中の人口のうちの右利きと左利きの割合は9：1だと言われていますから、多くの人にとって右方向は未来、新しさというイメージがあります。

　そして、舞台、ステージというのは観客から見て右側を上手（かみて）、左側を下手（しもて）と呼びます。つまり観客は無意識に上手側には「未来」や「新しさ」という印象があり、下手側には「過去」や「古さ」という印象があるということです。

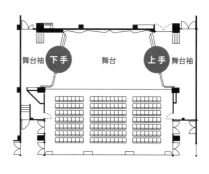

　だから、人前で話す時には下手から登場し、話の最後は上手側で締めるのが基本となります。過去から未来に向かって話が進んだ、という印象を与えることができるからです。（スピーチの最

後のお辞儀は中央で行います。)

　これも非言語コミュニケーションですが、知っている人はこれをちゃんと利用しています。

　例えば、プレゼンで自社製品と競合品をクライアントに見せる時には自社製品を相手から見て右側に置いて説明をしたほうがよいでしょうか？　それとも左側に置いたほうがよいでしょうか？

　答えは、相手から見て右側に自社製品、左側に競合品です。すると、相手は無意識に自社製品のほうに「新しい」「先進」といった印象を持つようになります。

　さらに、人は上方向に対してプラスイメージがあり、下方向にマイナスイメージを持っています。「運気上昇」「昇進」「成績が上がる」というのは上方向です。「運気が下がる」「降格」「成績が下がる」は下方向ですね。

　だから、プレゼンでは自社製品を相手の右方向で高く掲げながら説明し、競合品は相手の右方向で自社製品よりも低い位置で見せながら違いを説明するように意識するとよいでしょう。

具体的行動
　演題で話をする時は観客から見て左側の下手から登場し、右側の上手へ退く。

076 視線から相手の感情を知る方法

視線の動きは、
感情と連動する

　少人数で話をしている時、あるいは商談やプレゼンの前にキーマンとなる人と雑談をする時には、例えば次のような質問をしてみてください。

「お好きな食べ物は何ですか？」
「ご趣味は？」
「何をしている時が楽しいですか？」

　そして、相手がそれを話している時の視線をよく観察してください。
　例えば、好きな食べ物や大好きな趣味のことを楽しげに話しながら相手の視線が右の方向へ向くことが多いとします。
　この場合、相手の視線の右側はその人の良い感情と結びついている可能性があります。
　反対に「苦手な食べ物は何ですか？」「嫌いな動物っています？」「もう二度と経験したくない出来事って何ですか？」と訊いたとします。その時に相手の人が話しながら視線が左に向いたとします。

この場合、相手の視線の左側はその人の悪い感情と結びついている可能性があります。
　これはわかりやすい事例として紹介していますのですべての人にこのような極端な視線の動きが出るとは言えませんが、人によってははっきりと好きなことと視線の動きが連動している人がいます。反対に嫌なことを話す時に決まって視線が特定の方向の下へ落ちる人がいます。
　雑談の中でこのような相手の視線と感情のつながりを観察できたなら、非言語コミュニケーションを上手く活用できます。
　もし、相手の右側が良い感情と結びついているとわかれば自分はそちらの位置に座るようにするとか、自社の商品や企画書をその方向で紹介すればいいわけです。
　イチオシの企画書は相手の視線の右側に置き、第2案は左に置いておく、自社の説明は相手の右側で行い、他社の事例を話す時は相手の左側で行う、というコミュニケーションを取ることが可能になります。

具体的行動
　対話中に相手の視線がどう動くかを観察し、感情との因果関係があるかを探ってみる。

077 大勢の人の前で視線を安定させる方法①

視線の方向を決めておくと、視線の送り方を迷わない

　以前私は「大勢の人前で話す時にどこを見ればよいのかわからない」と主催する話し方セミナーの受講者に言われたことがあります。たしかに聞き手がたくさんいるとどこを見て話せばよいのかわからず、視線が下向きになったり、視線が泳いでしまう人がいます。それでは聞き手に良い印象を持ってもらうことは難しくなりますね。

　のちほど、スピーチをしながら視線を動かす「Z型視線」について紹介しますが、普段人前では話すことに慣れていない方には最も簡単な視線の送り方をお教えします。

　1つめは、あらかじめ視線を向ける対象を決めておく方法です。

　私は講演会場に入ると最初にステージから見て一番後ろに何があるかを確認します。

　会場によっては一番後ろの壁に大きな時計が掛かっていることもあります。壁に窓があることもあります。ブース室（照明や音響の担当者がいる部屋）があることもあります。大きな絵画が飾ってある会場もあります。額に入った立派な書があることもあります。歴代の会頭や会長の写真が飾ってあることもあります。

スローガンが貼ってあることもあります。スピーカーがぶらさがっていることもあります。社旗が掲げてあることもあります。

そんなものを眺めながら、とにかく何でもよいので一番後ろにある目立つものを1つ決めるのです。その時にできれば後ろの壁の上のほうにある対象を見つけます。

例えば、後ろの壁の上に大きな丸時計が掛かっているとします。

その場合、

「よし、今日は話しながらこの時計を見よう」

と決めるのです。

そして、スピーチが始まったらその時計に視線を送りながら話をします。普通は最初の3〜5分くらいを過ぎると気持ちも落ち着いてきますから、そうなれば適当に視線を会場に向けます。そして、気がついたらまた後ろの壁の上に大きな丸時計に視線を戻すのです。

このように**たった1つでいいので視線を送る対象を決めておくと、視線が下向きになったり、視線が泳いでしまうことを防ぐことができます。**

具体的行動

スピーチや発表などの会場では視線を置くものを確認するようにする。

078 大勢の人の前で視線を安定させる方法②

架空の人に向けて話すと、会場を見渡す視線になる

　次に少しレベルアップした視線の送り方を紹介します。

　それは「3人のお婆さん」視線です。

　どんな会場であっても一番後ろの席の右側、真ん中、左側の席にそれぞれお婆さんを座らせます。もちろん、イメージ上のお婆さんです。

　私はいつも「松子さん」「竹子さん」「梅子さん」の3人を座らせます。

　その3人のお婆さんはとても耳が遠いおばあさんです。

　スピーチが始まったらその「松子さん」「竹子さん」「梅子さん」に順番に話しかけるように話すのです。

「(心の中で「松子さん、聞いてくださいね!」) 今日は素晴らしい式典にお招きをいただきありがとうございます。」

「(心の中で「竹子さん、聞いてくださいね!」) 私は商売では大切なことが3つあると考えています。」

「(心の中で「梅子さん、聞いてくださいね!」) まず1つめは目的、2つめは目標、そして3つめは戦略です。」

もちろん、必ず「松子さん」「竹子さん」「梅子さん」の通りに正しく順番で話しかける必要はありません。時折、「松子さん、聞いてる？」「竹子さん、わかった？」「梅子さん、もう一度言うよ！」といった気持ちで話しかけるのです。

　すると自然と視線が上がり、顔が上がります。そして自然と会場を見渡すように視線を送っているように見えるのです。

　そして、松子さん、竹子さん、梅子さんは耳が遠いので、3人のお婆さんに声を掛けようとすると自然と声が大きくなります。自然と声を遠くに届けるようになります。

　そして、自然と大切なことはゆっくりとわかりやすく話すようになるのです。

　私の講演会場にはいつも松子さん、竹子さん、梅子さんが一番後ろの席に座っているのです。

　具体的行動

　3人の耳の遠いお婆さんが会場後方に座っているイメージを持ち、そのお婆さんに向かって話しかけるようにする。

079 プレゼン上手になりきる法

理想像をマネするうちに、話し方が上達する

　自然な身振り手振りを身につける最も簡単な方法が「**モデリング**」です。モデリングは心理学用語であり、**こうありたいと思う対象者の言動や価値観を模倣してその人になりきることで、コミュニケーションに自信をつけたりする効果が期待できます。**

　また、理想像になりきることでプレゼン力が鍛えられたり、行動力やリーダーシップ力が磨かれたりもすると言われています。

　そして**モデリングで大事なことは大きく2つ、「観察」と「行動」**です。対象の動きの特徴をよく「観察」し、そのとおり「行動」してみることです。

　今はネット上で多くのスピーカーの講演や演説、スピーチの様子を撮影した動画が視聴できます。

　あなたがこんなスピーカーになりたいと思う人を見つけて、その人の動画を毎日3分でよいので身振り手振りをマネしましょう。

　私は今までに次の人たちの動画をよく見てマネをしてきました。

　●アンソニー・ロビンズ（世界的な自己啓発書作家）
　●矢沢永吉

第4章　印象度がアップする話し方

- 小泉純一郎
- 田中角栄

　女性で講師になりたいという方には、TEDトークでブレイクした次の人たちの動画を勧めています。
- ケリー・マクゴニガル（意志力で知られる健康心理学者）
- エイミー・カディ（非言語行動で知られる経営学者）

　また、Googleで[TEDプレゼン・ベスト]と検索すると世界的講演会TED Conferenceに登壇した人気スピーカーの動画を見つけることができます。
　これらの動画を見て、
「このスピーカーのジェスチャーはカッコいい」
「こんなジェスチャーでスピーチができるようになりたい」
　と思うスピーカーが見つかったら、その動画を毎日見ながらマネをしましょう。
　学ぶの語源はマネぶ。
　世の中に完全なオリジナルは存在しません。誰もが誰かのマネをして物事が上達します。
　ぜひ、あなたもお気に入りのスピーカーを見つけてモデリングをしてみてください。

具体的行動
　YouTubeなどでマネをするスピーカーを見つけて、その人の動きをよく「観察」し、実際に「行動」してみる。

175

080 TEDトークのようなスピーチをする法

動き回りながら話すと、迫力やエネルギーが伝わる

　私は日本で一番大きな講師派遣会社の人気ランキングベスト30に名前を連ねる10人のカリスマ講師の前で講演を行ったことがあります。講演後に1人のカリスマ講師から「**前後左右上下**」と言われました。

　つまり、**会場のスペースを有効に使って前後に動いたり、左右に移動したり、上下動の動きを使って話をしないと聴衆には単調にしか伝わらない**ということでした。

　かつてアーチストはあまり動き回らずにマイクを持って歌っていましたが、今では踊りながら、ステージ上を移動します。一か所にとどまるのではなく、前後左右上下に動いたほうが迫力やエネルギーが聴衆に伝わるからです。

　YouTubeで[Steve Ballmer Going Crazy on Stage]と検索してみてください。「なんだ、このハイテンションは!」と驚かれるはずです。そして、良い悪いは別にして、ものすごいエネルギーを感じることができるはずです。これが非言語の威力です。

　これはビル・ゲイツの右腕と呼ばれたマイクロソフト社元最高経営責任者スティーブ・バルマー氏の登壇シーンの動画ですが、まさに前後左右上下の動きです。

私は長渕剛と矢沢永吉のファンですが、ライブのステージにはぐっと引き込まれます。彼らはライブ会場ではステージの上手から下手までを走りながら移動します。マイクを持って歌いながら、ギターを弾きながら横断します。まさに左右の動きです。もし、長渕や矢沢がずっと一か所で歌っていたらその印象はまったく異なるはずです。

　また、数年前に元宮崎県知事・東国原英夫氏の講演会を聴講した時のこと。話の途中でスッ！とその姿が見えなくなりました。熱演のあまり話に夢中になって演台の下までしゃがみこんだのです。しばらくしてひょこっと頭を演台から出してきました。

　その時に「そうか！　これが上下の動きだ」と気がつきました。

　また、世界的なコーチでありスピーカーであるアンソニー・ロビンズのセミナーに参加した時に、アンソニーは会場の参加者席の中央付近まで走りながら突き進んできましたがこれが会場での前後の動きです。

　ただ伝えるのではなく、「よく伝える」「印象に残るように伝える」というのがこうした動作なのです。

　ちょっと高度な技術ですが、プレゼン、発表会、セミナー、研修会での登壇の機会があれば、少しずつはじめて練習しておくのがいいかもしれません。

具体的行動
　広い会場では話ながら前後左右に歩いたり、時には上下動を行い場と空間を上手く使う。

081 メッセージを聞き手の頭に残す法

サウンド・バイトを繰り返し、聞き手の記憶にとどめる

　ミュージカルを見終わった後に観客が曲を口ずさみながら劇場から出てきたら、その舞台は成功だと言われます。劇中で流れていた曲が強く印象に残ったわけです。

　スピーチの場合には、伝えたい中心的なメッセージを聴衆の記憶に強く残る言葉として残すことができれば、それは成功と言えます。

　スピーチでは刺激的で歯切れがよい短い記憶に残る言葉やフレーズを「**サウンド・バイト**」と言います。あなたも次のサウンド・バイトを聞いたことがあるかもしれません。

「I have a dream」　キング牧師
「Yes we can」　元米大統領バラク・オバマ
「**構造改革なくして成長なし**」　小泉純一郎
「**大阪都構想**」　橋本徹
「1000曲をポケットに」スティーブ・ジョブズ
「日本列島改造論」田中角栄
「ふるさと創世」竹下登

第4章　印象度がアップする話し方

　列挙してみると政治家が多いのですが、元々、サウンド・バイトは第40代アメリカ合衆国大統領のロナルド・レーガンの時代に始まったプロパガンダ手法だと言われているので政治家の方々は意識して演説の中で使っている人が多いのかもしれません。

　どんなに良い内容の話をしても、長い時間の中ではしょせん人はすべての話を記憶できません。しかし、**このようなサウンド・バイトを話の中で繰り返し使うと聞き手の脳裏にその言葉が刻み込まれます。**

　つまり、サウンド・バイトとは話の「キーフレーズ」「キーメッセージ」ということです。スピーチや講演会などの話の内容の核の部分ということですので、クリエイターがコンセプト文を考えるように、短い文で伝わるようにします。

　ちなみに、ヤフー！ニューストピックスの見出しは13文字に限定しています。視覚的に一瞬で目に入りやすい長さが13文字以下だからです。

　そして**ここで大事なことは、子どもでも記憶に残りやすいシンプルな言葉を使うことと、話の途中で何度もそのフレーズを繰り返して意図的に印象づけることです。**

　そして、その言葉を記憶に残した人がそれを他の人にも伝えることにより、あなたのメッセージはより多くの人に自然に伝わるようになります。

　具体的行動
　プレゼンやスピーチではサウンド・バイトを決めておく。

緊張を克服する話し方

082 緊張を抑えるための表情筋を鍛える法

顔のストレッチを続けると、顔面の緊張が落ち着いてくる

　私はあがり症や緊張症克服の指導も行っていてわかることなのですが、人前で話す時に緊張で顔がこわばってしまうことに悩む人はかなり多いと言えます。結論から言うと、それは顔や口、唇、舌の筋肉の衰えが大きな原因のひとつです。

　私は19歳の時から筋トレを続け、もう40年近くにもなります。

　だから断言できるのですが、身体の筋肉は使わないと衰えます。顔も口、唇、舌も筋肉でできていますから使わないと衰え、これらの筋肉が衰えて柔軟さが失われてくると顔はこわばり、無表情になり、口角は下がり、ほうれい線が現れて、声は低く、硬く、言葉が不明瞭になり滑舌が悪くなります。

　反対に、ストレッチやトレーニングを続ければ、いつまでも明るく、輝きのある、若々しい顔つきや声を保てます。

　俳優や歌手、司会者、講演家が身体のトレーニングのみならず顔の表情筋のトレーニング、ボイストレーニングを日々行っているのはそのためです。以下に私が行っている顔ストレッチと顔筋トレを紹介します。

第5章　緊張を克服する話し方

・口のストレッチ

　唇を横に広げて「いー」と言いながら、口を10秒広げる。
　唇を突き出して「う～」と言いながら、口を10秒突き出す。
　2回ずつ繰り返す。

・唇のストレッチ

　リップロールで「ぶんぶんぶん蜂が飛ぶ」の歌を演奏する。(リップロール＝口を閉じ、唇を少し突き出し、閉じた唇の間から息を出して唇をブルブルブルブルっと振動させること。)
　唇を上下の歯ではさみ、「ぱっ」と言いながら10回声を出す。

・舌のストレッチ

　唇と歯の間に舌を入れて（舌を歯茎の外側にあてて）、左回りに10回動かす。
　唇と歯の間に舌を入れて（舌を歯茎の外側にあてて）、右回りに10回動かす。
　舌を口から「べー」と出した状態で、舌を上下に10回動かす。
　舌を口から「べー」と出した状態で、舌を左右に10回動かす。
　舌の根元から左右にストレッチするように意識する。
　タングトリルを10秒～20秒続ける。(タングトリル＝舌を振動させて「ドゥルルル…」と巻き舌にして音を出す。)

・顔のストレッチ

［梅干しの表情］
息を吐きながら眉、目、頬、口、鼻、あごをすべて顔の真ん中に集める。この表情を10秒キープする。梅干を食べて「酸っぱい！」という時の表情。

［ひまわりの表情］
「パァー！」と言いながら梅干しの表情で縮めた筋肉を一気に解放する。眉、目、頬、口、あごをすべて360度全方向へ解き放つ。ひまわりのように大きく花が開いているイメージ。

［スマイル］
上唇を上げて前歯を見せる。口角を耳元に引き付けて、頬の筋肉を上に引き上げる。この時に頬の筋肉が小さな丸いお団子のように盛り上がり硬くなっていればOK。

［ムンクの表情］
「オー」と言いながら顔を上下縦方向に引っ張る。上まぶたを上に引き上げ、さらに下まぶたを持ち上げ、目を三日月型にする。頬と鼻の下と口とあごを下方向に引っ張る。

［アイーンの表情］
志村けんさんのアイーンの表情。あごを突き出し、頬の筋肉を持ち上げる。

第5章　緊張を克服する話し方

［タコ口の表情］
唇を突き出してタコ口にする。この時に唇全体に力を入れる。
ほうれい線の予防にもなる。

［べーの表情］
「べー」っと言いながら思い切り舌を出して息を吐き出す。舌の根元（舌根）から外へ吐き出すイメージ。

具体的行動

　毎日、顔・口・唇・舌のストレッチを続け、人前で話をする時に顔がこわばらないようにする（顔面が緊張すると、声は小さく、滑舌が悪くなって言葉が不明瞭になる）。

083 あがりや緊張の意識を変える法①

身体の震えを「悪」と捉えず、成功への「ガソリン」と思う

　以前、矢沢永吉さんがライブ会場でこんなことを言っていました。
　「NHKの紅白に初出場した時に、心臓がバクバクして緊張して頭が真っ白になって何がどうなったか覚えていない」
　あのときの衝撃は最高でした。まさかあのスーパースターの口から「緊張して頭が真っ白」という言葉が出るなど思ってもみませんでした。
　矢沢永吉さんだけではありません。志村けんさんは「実は気が小さくあがり症なんです」、和田アキ子さんは「舞台袖でお水を飲む時、震えてこぼれるので付き人は半分だけ水を入れる」、司会者の小倉智昭さんは「小さい頃から吃音症で悩んできました」とカミングアウトしています。
　芸能人だけではありません。セブン-イレブン創業者の鈴木敏文氏は「子どもの頃はあがり症で人見知り。入社試験は筆記試験合格、面接で不合格」と言っていますし、私が経営戦略を学んだ累計講演回数4000回を誇る竹田陽一氏は「吃音、あがりで非常に苦労した」とのことです。
　そして明石家さんまさんは「緊張しない奴は売れないねん」と

テレビで発言していました。

なぜ、これらの一流と呼ばれる人はあがりながら良い仕事ができるのでしょうか？

あがりは２つの原因によって引き起こされると言われます。

それは、「**生理的覚醒**」と「**認知的不安**」です。

生理的覚醒とは心臓の高鳴りや発汗、身体の震えなど身体の興奮のことであり、認知的不安とは失敗するかもしれないといった否定的な考えのことです。この２つが重なり、あがりが生じます。

心理学者ロバート・ヤーキーズとジョン・ドットソンはこの２つのあがり要因とパフォーマンスの関係について調べました。それによると生理的覚醒が中程度の時に最も良いパフォーマンスが生まれ、認知的不安が高まれば高まるほどパフォーマンスが低下することがわかりました。つまり、次のことが言えるのです。

① **緊張感が程よくあると結果が良くなる**
② **否定的な考えは悪い結果を招く**

想像してみてください。

これからあなたは東京ドームで5万5千人を前に歌を歌います。これからあなたはオリンピックの100m決勝のスタートラインにつきます。これからあなたは大勢の前でスピーチをします。

こうした状況では100人中99人は緊張するはずです。

この時、程よい緊張感であれば、良いパフォーマンスが発揮できるということです。

緊張しているから普段出せないような力が出て、能力が発揮されて記録につながる結果が出るということです。あなたもスポー

ツ大会や技術競技会で普段よりも良い記録や結果が出たことがあるはずです。「緊張感が程よくあると結果が良くなる」のです。

あがり症の人は「あがり症をなくしたい」と願っていますが、あがりが全くなくなると良い仕事はできないということです。だから明石家さんまさんは「緊張しない奴は売れないねん」と言ったのでしょう。

実は私も極度のあがり症で悩んでいたのですが、正直に言うと今は年に1、2度ですが講演直前になってもまったく緊張しないことがあります。

これでは、全然やる気が起きません。東京ドームで5万5千人を前に歌おうとしている時に、オリンピックの100m決勝のスタートラインについた時に、まったく緊張していないので全然やる気にならないような感じだと言ったらいいでしょうか。

だから、**人前で話す時に緊張で悩んでいる人は心臓の高鳴りや発汗、身体の震え自体は「悪」ではなく、むしろ成功のための「ガソリン」だと意識を変え、その状態をあるがままに受け入れ、客観的に自分を見てみることです。**

ドキドキや汗や震えはまったく問題ないのです。仕事のパフォーマンスを上げるためには、むしろそれは「宝」です。

具体的行動

緊張している自分をいったん受け止め、客観的にその状態を見てみる。

084 あがりや緊張の意識を変える法②

言葉をプラス思考に変えると、意識もプラス思考に変わる

　先にも説明したように心理学者ロバート・ヤーキーズとジョン・ドットソンの実験から
　① 緊張感が程よくあると結果が良くなる
　② 否定的な考えは悪い結果を招く
　ということがわかっています。
　だから、緊張感から生まれる心臓の高鳴りや発汗、身体の震えといった生理的覚醒は放っておいていいのです。誰でもそれは経験するのです。
　問題は、「認知的不安」です。
　つまり、「失敗するかもしれないといった否定的な考え」のほうです。これが人前で話す時のパフォーマンスを下げるのです。
　具体的に言うと、
　「失敗するかもしれない」
　「笑われるかもしれない」
　「恥をかくかもしれない」
　という思いがパフォーマンスを下げます。
　この不安から生じるマイナス思考を変えればよいのです。
　一番簡単な方法は、言葉を変えることです。

「緊張してドキドキしてきた、ヤバイ……」
ではなく、
「ワクワクしてきた、これはいい結果が出るぞ！」
と無理やりにでもプラスに認知するようにします。

　心理学の実験結果からは人間は緊張感で心臓の鼓動が早まっているのと、期待感から心臓の鼓動が高まっているのを区別できないことがわかっています。

　あなたも好きなアーチストのライブを観に行った時に開演直前に期待のあまりワクワクして心臓の鼓動が早まっていくことを経験したことがあるかもしれません。

　あるいは、好きな人とデートをする時に嬉しさのあまりウキウキして心臓の鼓動が早くなったことがあると思います。

　人前に出ても心臓の鼓動は早くなりますが、それは生理的現象としては単に「心臓の鼓動が早くなっている」だけです。

　つまり、ワクワクして心臓の鼓動が早くなるのも、ウキウキして心臓の鼓動が早くなるのも、ドキドキして心臓の鼓動が早くなるのも現象としては同じだということです。

　違うのはその心臓の鼓動の高鳴りをワクワクだと認知するか、ウキウキだと認知するか、ドキドキだと認知するかという点です。

　例えば、野球の試合で9回裏ツーアウト満塁の場面で打席に立ったバッターの心臓の鼓動は早くなっています。

　その時に、「マズイ、こんな時に打順が回ってきた。三振したらどうしよう」と否定的に認知するか、「よぉ〜し、ここでヒットが出れば逆転サヨナラだ！」と肯定的に認知するかの違いで

す。
　サッカーの試合でアディショナルタイムに入ってフリーキックの場面。キッカーの生理的覚醒は高まります。
　「外したらどうしよう……」とマイナスに認知するか、「チャンスだ、ここで俺が決める！」とプラスに認知するかの違いです。
　① 緊張感が程よくあると結果が良くなる
　② 否定的な考えは悪い結果を招く
　緊張が強いられる場面では、この意識を常に思い起こすことです。それには、何らか見える化しておくことも良いアイデアの1つです。
　かつて極度のあがり症で悩んでいた私の講演台本にはデカデカと次の言葉を書くようにしていました。
　『ワクワクしてきた！』
　私はこれにより今では、30人よりも50人、50人よりも100人、100人よりも500人の参加者がいる講演会場のほうがモチベーションが上がります。

具体的行動

　緊張感が強いられる場面では「嫌だな」と考えるのではなく、「緊張でワクワクしてきたぞ！　よしやってやる！」とプラスの言葉でその状態を認識する。

085 あがりや緊張を抑えるツボ

緊張に効くツボを押すと、声がよく出て楽に話せる

　生理的覚醒と認知的不安とパフォーマンスの関係がわかったとはいえ、それでも緊張しがちな人はやはり人前で話す時に心配もあると思います。
　そこで人前で話す直前に押すと効くリラックスのツボを紹介します。

[労宮（ろうきゅう）]
　手のひらのほぼ真ん中です。手を開いてから薬指を軽く曲げてみましょう。薬指の先がつくところです。このツボを5秒くらいゆっくりと押したり、ゆっくりと離したりします。5〜10回程度。

[神門（しんもん）]
　手首の横じわの小指側のクボミです。手首の骨と筋との間にある少しへこんだところです。ここを親指で円を描くように指圧します。

[内関（ないかん）]
　手首の横じわから、指3本めあたりの腕の中央です。ここを親

第5章　緊張を克服する話し方

指で強く押すと、動悸の安定に効果があります。

　私も講演活動を始めたばかりの頃は、講師席に座りながらよくこのツボを押して登壇をしていました。
　手のひらのツボは人前で話す直前まで椅子に座って押していても、机の下で押していると聞き手には見えないので安心です。

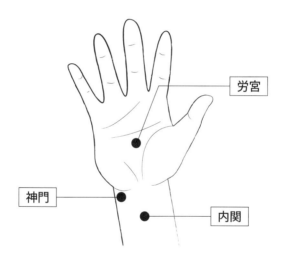

具体的行動
　ここで紹介した以外にも緊張抑制のツボがある。自分に合った方法を調べて実践してみる。

086 あがりや緊張を抑えるリズムの作り方

ゆっくりしたリズムは、極度な緊張感をやわらげる

　ライブ会場等で開演前にファンの人たちが各自で拍手を始める時があります。

　私がよく行く長渕剛のライブ会場では、

　「剛、剛、剛！」という掛け声に合わせて「パン、パン、パン、パン、パン、パン！」という短いリズムの拍手と、「つ〜よし！　つ〜よし！　つ〜よし！」という掛け声に合わせて「パン！（間）パン！（間）パン！（間）」という少し長めのリズムの拍手と、ウェーブ（手を挙げながら立ち上がって座る動作を会場の端から順番に行う）とともに起こる拍手があります。つまり、最初は会場内で異なるリズムがあちこちから起こります。

　しかし、不思議なことにそのリズムの異なる拍手は時間が経つといつの間にか会場中で同じリズムの拍手になります。

　このように異なる振動のリズムが揃っていくことを「**引き込み現象**」と言います。

　人は外部から特定のリズムを一定時間にわたり供給されると複数のリズムが共存できないのです。

　泣いてぐずっている赤ちゃんの心拍数は早くなっています。でも、お母さんが赤ちゃんを抱いてトン、トン、トンとしばらく背

中を叩くと安心します。これは赤ちゃんの早いリズムが、お母さんのゆったりしたリズムに引き込まれるからです。

人はより安定した外部のリズムに支配されます。この原理を利用すると極度な緊張感をやわらげることができます。

これから人前で話す時には心拍数が早くなり「ドキドキドキドキドキ」とリズムが早くなっています。

そこに以下のように、外部から安定したゆっくりのリズムを送ってあげればよいのです。

① 指先で手の甲をトン、トン、トンと軽く叩く。
② 指先で膝をトン、トン、トンと軽く叩く。
③ 手でお腹や胸をトン、トン、トンと軽く叩く。

これをしばらく続けていると徐々に心臓の鼓動がゆっくりとしたリズムに引き込まれていきます。

また、スマホ用のアプリでメトロノームのようにリズムを刻んでくれるものがあります。

そのアプリでリズムをゆっくりにして、マナーモードでバイブレーション機能にして手のひらに振動を伝えてくれるように設定すると、スマホを握っているだけでリラックスするリズムに心臓の鼓動の早さを引き込むことができます。

具体的行動
自分に合った落ち着くリズムを試してみる。

087 あがりや緊張を抑える条件づけ

自分流の条件づけをすると、緊張がやわらぐ

　あがり症や緊張症は「性格」ではなく、「長年のクセ」「長年の習慣」です。

　クセや習慣を直すにはどうすればいいでしょう？

　それは条件づけです。

　条件づけの実験でよく知られるのが「パブロフの犬」です。犬にエサを与える時に必ずベルを鳴らすようにしたところ、ベルを鳴らすだけで犬がよだれをたらすことを発見した実験ですね。

　私が講演活動を始めた時に、この条件づけをあがりをコントロールするために活用しようと思いました。

　具体的には次のようなことを行いました。

　私は毎朝、外に出て深呼吸をします。私の家は山と田んぼに囲まれた自然の多い場所です。朝の空気は澄んでいて、鳥がさえずり、空が明るくなり、山が美しく輝き出してきて、とても気持ちがよいのです。そこで深呼吸をすると、とてもリラックスした状態になります。

　そのリラックスした状態になってから、右手の親指と中指の指先を押し付けあいます。ギューっという感じで押し付けあいます。

この間、時間にして2〜3分です。

これを毎朝、繰り返します。もう10年以上繰り返しています。

これは「身体がリラックスした状態」と、「右手の親指と中指の指先を押し付けあう」という動作を条件づけしているのです。

だから、今では「右手の親指と中指の指先を押し付けあう」とすぐに「身体がリラックスした状態」になります。原理としては「ベルを鳴らす」と「よだれをたらす」のと同じです。

そのため私は、講演直前には司会者の方に紹介されている時に机や演台の下で右手の親指と中指の指先をぎゅうぎゅうと押し付けあってすぐにリラックスの度合いを強めて緊張感を適度に保つことができます。

親指と中指の指先を押し付けあうようにしていること自体には意味はありません。単に人前に出た時や、プレゼンの時、初対面の人と合う時、大勢の人の前で話す時に相手に見えない動作にしたかったためです。

あなたがこの条件づけを行う時には、手首をつかむでも、指を鳴らすでも、指を引っ張るでもなんでもかまいません。

あなたもお風呂に入った時や就寝前等の「リラックスした状態」と「特定の動作」の条件づけを行い、**人前で話す時には「特定の動作」を行うことによって「リラックスした状態」になってください。**

具体的行動

自分に合った気分がやわらぐ条件づけを試してみる。

088 あがりや緊張を抑える対症療法

マイクをあごにつけて話すと、震えが目立たなくなる

　あがり症や緊張感の強い人には、私はマイクはあごにつけて話すことをお勧めしています。

　人は自分の行動や外部の情報を手がかりに、自分自身の感情を理解します。そのため、自分の目の前で自分が握っているマイクが震えていると、人はその情報を手がかりに、「マイクが震えている。自分はやはり今日もあがっている」と認知してしまいます。すると余計に震えがひどくなります。

　そこで、人前で話すことに慣れるまでは、マイクは軽くあごにつけて震えないように意識してもらいます。マイクをあごにつけて話しても前に座っている聞き手からはあなたのマイクと口の距離感はわかりませんから、不自然には見えません。

　震えのひどい人は最初はマイクを両手で持ってあごにつけて話してもよいでしょう。

　数分経って緊張感が取れてきたら、マイクをあごから離して話しはじめます。

具体的行動
　擬似的にスピーチの場面を準備して、実際にマイクをあごにつけて話をしてみる。

089 発表会場での水の飲み方

ペットボトルの水だと、水差しよりも緊張がやわらぐ

　あがり症や緊張しがちな人は人前で話す時の水は、自分でペットボトルのミネラルウォーターを用意しましょう。

　少し大きな講演や会議の場では主催者が水差しとコップを演台に用意してくれる場合がありますが、緊張しがちな人にとっては本番中に水差しから水をコップに注ぎ入れ、コップを手に持って口にする行為自体が余計に緊張を招きかねません。

　緊張で手が震えていると上手く水を注ぐことができませんし、水差しとコップがぶつかるとカチカチカチカチと音が出ます。また、コップを倒してしまう恐れもあります。すると余計に緊張度が高まります。

　そのため、あがり症の人は講演や会議の演台には自分でペットボトルを用意して、キャップを開けて一口だけ飲んでおき、それを演台に置いておきます。話している最中にのどが渇いたら水差しではなく、このペットボトルから水を飲むようにします。

　あがり（あがり症）、緊張しがちな人は水は自分で用意しましょう。

　具体的行動
　自分用のペットボトルを事前に用意しておく。

090 聞き手の視線を話し手からズラす法

視線恐怖症の人は、資料を見てもらうようにする

「人前で話す時に聞き手の視線がこちらに集まるのが怖い」という視線恐怖症の人がいます。そんな人は視線を外すテクニックをお勧めします。

私の場合には会議、プレゼン、講演の最初の部分、序盤部分に次のように言います。

「お手元の資料の〇ページをご覧ください。」

「レジメの〇ページを開いてください。」

こうすると聞き手の視線は手もとの資料に向かいます。

その後、しばらくの間、資料に書かれているデータや今日の話の概略、自分のプロフィールなどを説明します。

同様に、「こちらのスクリーンをご覧ください」と言って、投影されているデータを示せば、参加者の視線はやはりあなたではなくスクリーンに向かうことになります。

数分経って緊張感が薄れてきたら、本題に入ります。

具体的行動

視線をずらすための資料を準備しておく。

091 自信があるように見せる話し方

Z型に視線を動かすと、
自信があるように見える

　リラックスしてきたら、大きな会場では視線をZ型に動かすようにします。すると、自信があるように聞き手には見えます。

①向かって左側奥の人に向かって話す。
②右側奥の人に向かって話す。
③左側真ん中の人に向かって話す。

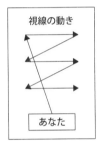
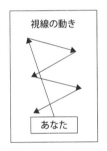

④右側真ん中の人に向かって話す。
⑤左側手前の人に向かって話す。
⑥右側手前の人に向かって話す。

　こうすると視線が会場内をZ型に移動します（左図）。あるいは、Z型を斜めに動かすイメージでもOKです（右図）。

具体的行動
　普段の会議などで参加者に顔を向けて話をする練習をする。

092 テンポよく話す話し方

ワンフレーズを短くすると、話すテンポが良くなる

　人前で話すことになれるまではスピーチの出だしは短文でつなぐことをお勧めします。
　例えば、披露宴のスピーチでは、
　「ただいまご紹介いただきました佐藤と申しますが、新郎の一樹さんとは大学時代のサークルが一緒で、卒業後も付き合いがあり、先日も仕事の帰りに一緒に新橋の駅前で待ち合わせて、それから……」といったように、長々としたセンテンスは避けます。
　このように長々とした話は聞き手もその内容がわかりづらいだけでなく、緊張している話し手が「あれ？　どこまで話をしたっけ？」と途中で言葉に詰まる原因にもなります。
　そのため、緊張しがちな人は特に話しはじめはワンフレーズを短くします。
　「ただいま、ご紹介いただきました佐藤です。
　新郎の一樹さんとは東京で過ごした大学時代のサークル仲間です。
　先日も一緒に飲みました。
　待ち合わせ場所は新橋の駅前でした。」
　というように文章で書くと句点を一文一文につけるように話を

します。

ちなみに新聞記事はワンフレーズが短いことが特徴です。これは端的に事実を伝えることが使命であるので、一文を短くしてテンポよく理解できるように配慮されているためです。先述しましたが、ヤフー！ニューストピックスの見出しは13字以下であるのも、文章の一まとまりが一目で認識できるように計算されているからです。

話し方もこれと一緒です。**だらだらと長いよりは、テンポよく細切れになっていたほうが聞く側も内容が理解しやすいものです。**

あがり症の人は最初にこのようにワンフレーズを短く話すことを心がけると、あがり（あがり症）、緊張しがちな人もテンポが出てきます。

テンポが出てくると聞き手も乗ってきますし、話し手もリズムが出てきて楽しい気分になり、結果としてリラックス効果があります。

こうした話し方はいきなりできるものではありません。そこで、朝礼などでスピーチをする機会を利用して練習を積みます。新聞記事の書き方を参考に事前に原稿を作り、それを台本のようにして話してみるというのもいい練習方法です。

具体的行動
スピーチ原稿などは短い文節で作るようにする。

093 話しはじめを楽にする方法

話しはじめを決めておくと、出だしがスムーズになる

　人前で話をする時に最も緊張感が高まるのは話しはじめです。その話しはじめに、
「ちゃんと話せるだろうか？」
「セリフを忘れないだろうか？」
「声はちゃんと聞こえるだろうか？」
などといろいろと心配事が浮かんでくるからパニックになり、頭の中が真っ白になるのです。

　講演会に不慣れだった時代の私が、そうした状態から抜け出すために始めたのが「**ワンパターン・トーク**」です。

　「ワンパターン・トーク」とは毎回人前に立った時のオープニングは同じ話をする、ということです。聞き手と対する緊張感をやわらげるためにはじめた方法ですが、話しはじめの肩慣らしとして心地よいため、今も講演の時は次のようなワンパターン・トークを行っています。

　「元気で商売熱心な○○○の皆さん、こんにちは！（○○は主催会社や地域の名称）

　新潟から来ましたビジネス心理学講師の酒井とし夫です。今日はたくさんの方にお集まりをいただきありがとうございます。

これから〇〇分のお時間を頂戴しておりますが、せっかくの機会ですから皆さんのお仕事と人生にバチッと刺激を与える時間にしようと思います。どうか最後まで楽しんでいってください。
　では、さっそくですが元気で商売熱心な〇〇〇の皆さんにお願いがあります。その場でご起立ください！」
　このセリフはどこの会場で講演を行う時も全く同じです。そして、この後にいつも同じ実習を行います。
　そのため、話しはじめてから10分はいつ、どこの会場で、誰が参加をしていても、まったく同じ進行になります。
　人前で話をする機会が多いのであれば、緊張感をやわらげて話の出だしが切り出せるこのテクニックはそのまま使えると思います。
　これはスピーチや講演だけではなく、会合の時の自己紹介でも使えます。知らない人たちとの会合でいきなり自己紹介してくださいと言われて戸惑うことがあります。こうした時に自己紹介のテンプレートを用意しておくと、緊張せずに話ができるようにもなります。
　テンプレートは奇をてらうことなく、自分を素直に理解してもらえる短いもので大丈夫です。

具体的行動
　自己紹介用のテンプレートを準備しておく。

094 気持ちを落ち着けて話す法

うなずく人に話をすると、少しずつ落ち着いてくる

　人前で話をする時にはなるべく会場全体を見るようにします。
　恥ずかしさのため視線を上げないで話す人がいますが、それはあがり症克服のためにはもったいないことです。なぜかというと、視線を上げて話すと「あなたの味方」が見つかるからです。
　会場内にはあなたの味方がいます。それはあなたの話を聞きながらうなずく人です。
　披露宴会場でも、会議室でも、講演会でも必ずあなたの話にうなずく人がいます。うなずく人が何人か見つかったらその人をたまに見るようにして話をすると落ち着いてきます。
　うなずきは、「あなたの話を聞いていますよ」というサインであり、会場内でもハッキリと目で見えます。
　うなずくというのは、肯定の意思表示です。人は肯定されると安心感を覚えます。そのため、場内でうなずく人を見つけて、その人を見ながら話をすることは話し手にリラックスした状態をもたらす効果があるのです。

具体的行動
　話す場所に入ったら会場を一通り見渡し、話にうなずいてくれそうな人を数人目星をつける。

095 緊張感をやわらげて話す法

1人の人を見て話すと、緊張感がやわらいでくる

　大勢の人の前で話す時であっても、話し方の基本は1対1での対話です。1人の人（例えばうなずく人）を見て、その人に1フレーズを話しかけます。そして、次の人に向かって次のワンフレーズを話す……というように話をします。

　視線を1人の人に止めるということです。

　その時に、**その相手の目を見るというよりは、相手の眉間の間に自分の視線を向けるようにすると緊張感がやわらぎます。**

　ずっと同じ1人の人を見ながら話すわけにはいかないので、話の中では全体を見たり、視線を動かして話すこともありますが、基本はワンセンテンス（1つの文）をワンパーソン（1人）に向けて話します。

　1人の人を見ながら「今日はお忙しい中、ご参加いただきありがとうございます」と言い、次に別の人に「これから2時間のお話をさせていただきますが、最後までお付き合いください」、そして他の人に視線を移して「それではさっそく、自宅でできる7つのリラックス法について紹介します」といった感じです。

具体的行動
　ワンセンテンスごとに視線を変えて話ができるようにしてみる。

096 聞き手の座る位置に応じて話す方法

話し手から見て左側に座る人は、好意的で支持者が多い

　人前で話をする時、例えばスクール形式で講義やプレゼンをする時などには**AM（Attitude Map）理論**を理解しておくと役立ちます。
　AM理論とは直訳すると「態度の地図」ですが、簡単に説明すると「聞き手の座る場所に、ある一定の法則がある」という理論のことです。その法則とは次のようなものです。

1. 話し手から見て左側に座る人は、好意的で、支持者が多い。
2. 話し手から見て右側に座る人は、支持的でなく、同意しそうにもない人が多い。
3. 反対派の中心人物は、話し手の右側の真ん中に座る。
4. 話し手の真正面に座る人は、理性的な態度を取りがちである。
5. 話し手の右側後方に座る人は、オブザーバー的な人たちで、彼らを無視すると反対派に回られてしまうことがある。

第5章　緊張を克服する話し方

　この理論によれば、**話の序盤では話し手から見て左側を意識して話をすると話を好意的に聞く傾向にある人に向かって話をすることになる**ので、うなずきながら聞いてくれる人を見つけやすくなります。うなずく人がいれば、話し手も話しやすくなって、緊張もやわらぎますよね。

　逆に、話し手から見て右側に座る人たちは少々距離感を置いて話を聞く傾向にあると理解し、時折、顔を向けて話をするようにすればいいでしょう。

　これはあくまでも心理学の実験からの分析であり、一概にこのとおりに当てはまるわけではありません。参考の1つだと理解していただけたらと思います。

　ただ、こうした傾向もあるのだと知っておくだけで、会場を見渡す時に心に余裕が出てくるものです。

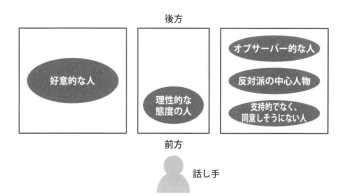

　具体的行動
　会場に座る聞き手を見渡して、AM理論に当てはまるような雰囲気になっているかを確認してみる。

097 会場の雰囲気をリラックスモードに変える法

サクラを使った同調効果で、自分の話に誘導する

　私が初めて大勢の人の前で講演をした時には友だちに「サクラ」をお願いしました。

　家内と友人3人を連れて行きました。

　初めての大きな会場での講演だったので私は緊張していましたが、話しはじめてすぐに友人が話の内容に反応して笑い声をあげてくれました。

　それにつられて会場にいた他の人たちも笑い声をあげてくれ、場内の雰囲気が一瞬でがらっと変わり、リラックスした状態に入ることができました。

　これは最初に笑い声をあげた人がいることで周囲がそれに同調することによる、**「同調効果」**を意図したサクラでした。

　同調効果についてはアメリカで活動した社会心理学者ソロモン・アッシュの実験がよく知られています。6〜8人のグループを作り、そのうち1人（被験者）を除き、残り全員をサクラにします。このグループに長さが違う3本の線が描かれたカードと線が1本だけ描かれたカードの2枚を見せます。1本だけ描かれた線と同じ長さの線は3本描かれたもののうちどれかを答えさせます。被験者はすぐに正答しますが、サクラ全員が違う答えを提示

すると被験者は自分の答えに逡巡したそうです。こうした実験をいくつかすると、サクラに答えがつられる割合が75％になったというものです。

この実験では、おおよそサクラは3人以上いると効果的だったそうです。

アッシュの同調効果に従えば、あなたが会議の席で何かの企画提案を通したい場合、披露宴で笑いをとりたい場合、講演で場内の雰囲気を明るくしたい場合には、可能であれば事前に根回しをして3人のサクラや同調者を用意しておくとよいことになります。

また、会社の部門をまたがる会議では同じ部の人がいれば安心したりしますので、緊張が強いられる場に知り合いがいるだけで少し緊張もやわらぐ効果もあります。

具体的行動
気心の知れた仲間をサクラにして会議や講演に臨むようにする。

098 プレゼン・スピーチで没入状態を作る方法

「上手く格好良く」ではなく、自分の気持ちを「熱く語る」

　私は20代の頃、広告制作会社を運営していました。その時、プレゼンに連勝するようになったきっかけがあります。

　それは「上手く話そう」ではなく「熱く語ろう」と考え方を変えた時からです。

　それまでの私は、クライアントに緊張を悟られまいとしていました。緊張感を隠すためにプレゼンの前に何度も何度も何度も繰り返し繰り返し一字一句を暗誦するように練習しました。

　その結果、時にはプレゼンに勝ち、大きな仕事を獲得することもあったのですが、緊張感からボロボロになることもありました。

　あるプレゼンの時に私はなぜか熱くなってしまい、時間も考えずに熱心に自分の考えをクライアントに語り続けたことがあります。プレゼン終了後、それまでのプレゼンの満足度とは比べ物にならないくらいに自分自身の中で充実感と達成感がありました。この時、自分が緊張していることすら忘れていました。

　その日、事務所に帰る電車の中で「これだ！！」という感覚ができたのです。

　それ以降、プレゼンでは「上手く話そう」とはせずに、「熱く

語る」ことを心がけました。自分で考えた企画を「上手く話す」のではなく、自分の信じることを「熱く語る」のです。

　熱く語っていると次第に緊張感などどこかへ行ってしまい、熱弁をふるっている自分が居るだけになります。一種の没入状態です。自分を飾らずにありのままストレートに出している、あるいは自分に酔っているという表現のほうがあっているかもしれません。スマートではなく泥臭いのですが、**キレイに格好良く上手にまとめるのではなく、自分を飾らずに単に思いを熱く語る**という姿勢です。

　その後、「熱く語る」ことを意識してからはコンペ形式のプレゼンテーションでは連戦連勝を続けました。

　披露宴のスピーチなら「上手く格好良く話す」のではなく、新郎新婦の幸せを心から願う、その気持ちを正直に言葉に乗せて「熱く語る」のです。

　プレゼンなら「上手く格好良く話す」のではなく、クライアントの成功を考えて用意した企画やアイデアやデザインを、その気持ちを正直に言葉に乗せて「熱く語る」のです。

　講演会なら「上手く格好良く話す」のではなく、自分の知識や経験を１つでも２つでも参加者の方の役に立つように話したい、その気持ちを正直に言葉に乗せて「熱く語る」のです。

具体的行動
　「熱く語る」には聞き手の幸せや成功のことを真剣に考えることが大事だと肝に銘じる。

099 会場の雰囲気をなごませる技術

小さなプレゼントを贈ると、会場が楽しくなごんでくる

　ある著名な講師のセミナーに参加した時に、その方が頻繁に参加者にプレゼントをしていることに驚きました。講演中に参加者が講師の質問に答えたり、発言するたびに色紙や本をポンポンと気前よくプレゼントするのです。

　それをマネして私もある講演をした時から、講演中に本やちょっとした小物をプレゼントするようにしました。

　すると、驚くほど参加者の方の反応が良かったのです。

　その時は、講演開始直後に参加者の方にある質問をしました。

　しかし、講演開始直後は参加者の方も緊張しているので、あまり積極的に手を上げる方はいません。

　そのため、あらかじめ話しかけておいた「味方」に向かって、「いかがですか？」と質問を投げかけました。

　質問を投げかけた相手は質問に答えてくれました。そこで、「ご発言いただきありがとうございます。大勢の人がいる中で自分の考えを述べるというのはとても勇気のいることです。御礼にこちらをプレゼントします」と言いながら自著をプレゼントしました。

　すると、このちょっとしたプレゼントをきっかけに会場の雰囲

気が楽しくなると同時にやわらいだのです。

これ以降、私は講演中にプレゼントを用意するようになりました。参加者の方は意外なプレゼントに嬉しそうな表情になり、会場によっては「お〜っ！」と歓声まで上がることがあります。

このようなプレゼントを節目節目で行うと場内の雰囲気は良くなり、味方が増え、話がぐんと楽になります。

そのため、披露宴の祝辞なら新郎新婦にちょっとしたプレゼント（披露宴の司会者の場合、祝辞してくれた人にちょっとしたプレゼントも効果的です）、会議やプレゼンならその議題に関するちょっとした付随資料、講演ならテーマに沿ったちょっとした小物をいくつか用意しておくとよいでしょう。

 具体的行動

人は思いがけずプレゼントをもらうと嬉しくなる。ちょっとしたものでいいので、その場がなごむプレゼントを考えよう。

100 プレッシャーを跳ね返す方法

動作をポジティブにすると、気分がコントロールできる

　身体の使い方と感情の関係を説明する学問を「**フィジオロジー**」といいます。「生理学」と訳されますが、心理学でこれを応用すると、身体の使い方で感情をコントロールすることができます。意識的に笑顔をつくれば心が晴れやかに変わります。何かにチャレンジする時に意識的に意志の強さを見せるようにすれば、自信が湧いてきたりします。

　逆に、嫌なことがあって気持ちが落ち込むと下を向きがちになります。下を向けば自ずと視線は下がります。それにより、さらに落ち込み、気持ちが閉塞していきます。

　そうした状態から回復するには、無理にでも上を向き、楽しいことをイメージして笑顔をつくることです。

　身体の動作により気分がコントロールできること、これは商談やプレゼンなど大きなプレッシャーを感じる場面で、気分転換やモチベーション強化などに使えます。

**　人間は気分次第でその場を良くも悪くも変えられるものだと開き直ることが、ストレスを回避する方法**でもあります。

具体的行動
　プレッシャーを感じたら、気分転換になる動作をする。

おわりに

　私は、話し方を指導する方に椅子に座って目を閉じてもらうことがあります。それから深呼吸をしてリラックスしてもらいます。
　そして、こう言います。

　「これからあなたが目を開けると、一人の人が目の前に座っています。その人はあなたのこれからの人生に幸運をもたらしてくれます。実は、その人は天使です。もしかしたら、あなたには天使の輪が見えるかもしれません。背中から生えている天使の翼が見えるかもしれません。あなたの人生に幸運をもたらしてくれる素敵な天使です。あなたの話を聴くために来てくれました。では、準備ができたら目を開けて、天使にあなたの話をしてあげてください。」

　話し方についてのスキルを紹介した本やセミナーはたくさんあります。
　そこで紹介されているものはもちろん役に立ちます。
　しかし、どんなにスキルを身につけても相手を大切に思う気持がなければ全く役には立ちません。
　今までのあなたの人生を振り返るとわかるように、あなたに良縁や幸運をもたらしてくれたのはあなたの周りにいた人々です。
　そして、これからのあなたに良縁や幸運をもたらしてくれるのもあなたの周りにいる人々です。

あたなの前であなたの話を聴こうとしている人たちは、これからのあなたの仕事や人生に縁や運や気づきをプレゼントしてくれる可能性が極めて高い大切な人たちです。
　本当に幸運の天使なのです。
　その人たちに向かってあなたは何を伝えたいのか、何を伝えるべきなのか、どう伝えなければならないのか、どんな想いやメッセージを届けたいのか、どんな立ち居振る舞いをしなくてはいけないのか……。
　それを考えれば人前で話す時には、スキルより想いのほうが大切だとわかるはずです。

■**参考文献等**（順不同）

「オバマスピーチ」（2004年7月）
　https://news.goo.ne.jp/article/gooeditor/world/gooeditor-20081130-02.html
『「話し方」革命 実践!対話で業績を上げる技術』（樋口裕一ほか著、プレジデント社、2005年10月）
『［決定版カーネギー］話す力自分の言葉を引き出す方法』（D・カーネギー著、東条健一訳、新潮社、2015年8月）
『スピーチ世界チャンプの魅惑のプレゼン術』（ジェレミー・ドノバン/ライアン・エイヴァリー著、福井久美子訳、ディスカヴァー・トゥエンティワン、2015年4月）
『パーソナル・インパクト「印象」を演出する、最強のプレゼン術』（マーティン・ニューマン著、小西あおい訳、ソル・メディア、2014年2月）
『小泉進次郎の話す力』（佐藤綾子著、幻冬舎、2010年12月）
『話のおもしろい人、つまらない人　人間関係が10倍うまくいく話し方のヒント』（高嶋秀武著、PHP研究所、2000年1月）
『「あがり」は味方にできる』（有光興記著、メディアファクトリー、2010年10月）
「プロスピーカー完全マスターコース」（株）スマイルボイス
「東京ボイストレーニングスクール教材」

読者特典

酒井とし夫の公式LINEでは週に一度、元気とやる気がぐんぐん出てくるメッセージをお届けしています。
今ならご登録頂くとビジネスセミナー動画全5本（全編約60分）をすべて無料で視聴できます。

https://ssl.middleage.jp/line/reg.html
［酒井とし夫　LINE］で検索

▼QRコード

酒井とし夫（さかい　としお）

プロ講演家（年間講演依頼100本超）、ランチェスター経営認定講師、米国NLP心理学協会認定ビジネスマスター、米国NLPプラクティショナー、米国NLPコーチ、GCSコーチングコーチ、コミュニケーション心理学マスター、LABプロファイル・プラクティショナー有資格者。

1962年4月10日生。B型。新潟在住。立教大学社会学部卒。28歳で独立し広告制作会社を設立。以降、モデル派遣、撮影ディレクション、アイデア商品販売、キャラクターグッズ販売、露天商、パソコン家庭教師派遣、パソコン教室等数々のビジネスを立ち上げる。40歳で事業に失敗し無職、無収入となり、さらに全治6か月の絶対安静で長期入院をするも、再起業してビジネス電子書籍、CD、セミナーDVDを5年間で1万3900本以上販売し1年で1人で1億円を売り上げる。現在、日本全国の商工会議所、商工会、行政団体、上場企業から年間100本以上の講演依頼を受ける人気講師として活躍中。

著書：『心理マーケティング100の法則』『売り上げが3倍上がる！販促のコツ48』『売れるキャッチコピーがスラスラ書ける本』『小さな会社が低予算ですぐできる広告宣伝心理術』（以上、日本能率協会マネジメントセンター）、『どん底からの大逆転！』（太陽出版）

酒井とし夫公式サイト：https://ssl.middleage.jp/sakaitoshio/

酒井とし夫　公式サイト　で検索

人生が大きく変わる話し方100の法則

2019年5月30日　初版第1刷発行

著　者――酒井とし夫　Ⓒ 2019 Toshio Sakai
発行者――張　士洛
発行所――日本能率協会マネジメントセンター
〒103-6009　東京都中央区日本橋2-7-1　東京日本橋タワー
TEL 03(6362)4339(編集)／03(6362)4558(販売)
FAX 03(3272)8128(編集)／03(3272)8127(販売)
http://www.jmam.co.jp/

装　丁―――冨澤　崇（EBranch）
本文DTP――株式会社森の印刷屋
印刷・製本――三松堂株式会社

本書の内容の一部または全部を無断で複写複製（コピー）することは、法律で認められた場合を除き、著作者および出版者の権利の侵害となりますので、あらかじめ小社あて許諾を求めてください。

ISBN 978-4-8207-3169-6　C2034
落丁・乱丁はおとりかえします。
PRINTED IN JAPAN

JMAM の本

心理マーケティング 100の法則
お客様の無意識に語りかける心のコミュニケーション技法

人は心で好き嫌いを判断して、
心で買う買わないを決めます。
買う理由を頭で考えるのは
その後です。

ファーストアドバンテージ代表取締役
酒井 とし夫　著
四六判ソフトカバー　232 ページ
［発行形態：単行本／電子書籍］

接客・販売・広告・販促にすぐに使えるワザ！

[主な目次]
得よりも損のほうが購買行動は強化される／おまけを付けると、本体が魅力的に見える／無料サービスで集客すると、購入されやすい／小さな依頼を承認すると、次の依頼も承認される／選択肢を3つにすると、真ん中を選ぶ／一度所有すると、愛着が湧く／総額では高く感じても、単価で示すと安く感じる／……このようなワザが 100 個続きます！

JMAM 出版 で検索！　試し読みができます！

日本能率協会マネジメントセンター